性のモヤモヤを
ひっくり返す！

ジェンダー・権利・性的同意 **26**のワーク

ちゃぶ台返し女子アクション 著

染矢明日香 監修

合同出版

この本を手にとってくださったみなさんへ

「性」という言葉を聞いて、みなさんはどんなことを思い浮かべるでしょうか。人前で話せないこと、恥ずかしいことだと思っているとしたら、それは誤解です。あなたが知っている「性」に関する知識はほんの一部かもしれません。もくじを見て、面白そうだと感じたところだけでもいいです。めくってみて、気になった絵の周りを読んでみてください。

きっと、みなさんの中には「好きな人もいないのに……大人になるまで関係ない！」と思う人もいるでしょう。私たちちゃぶ台返し女子アクションは、ジェンダー平等な社会を実現したいメンバーが集まって始まりました。これまでの5年間延べ約3万人の大学生に性の知識を広める活動をする中で、早めに性に関して学ぶ大切さを感じました。参加した学生からも「付き合う前に知っておきたかった」「友だちに教えてあげたい」という声がありました。

性に関する権利、性暴力、ジェンダーギャップや性的マイノリティのことを十分に学んでいないと、言葉にできない生きづらさを感じたり、周りの人から傷つけられてしまったり、思いもよらず周りの人を傷つけてしまったりすることもあります。10代のうちから性に関する権利や、ジェンダー、セクシュアリティについて学ぶことは、自分と周りの人の心と体を尊重するためにとても大切なことなのです。

この本では性に関する知識を、周りの人とのコミュニケーションを中心に、イラストつきでわかりやすく解説しています。より自分ごととして考えやすいように、自分で考えたり、ほかの人と話すきっかけを作れるワークを用意しました。解説されている知識を使って、今日から自分の生活で行動につなげられる仕掛けになっています。ぜひ周りの人を誘ってワークに取り組んでみてください。

また、各項目に「自分」「相手」「社会」の3つのラベルをつけました。自分を大切にするためにどうすればいいかを学びたいときは「個人」のマークのついた項目を、身の周りにいる人を尊重するためにどうすればいいかを学びたいときは「相手」のマークのついた項目を、学校や社会をよりみんなの権利が尊重される場にしていくためにどうすればいいかを学びたいときには「社会」のマークのついた項目を読んでみてください。きっとよりよい行動へのヒントが見つかります。（→8ページ参照）

ぜひこの本を、社会や他の人の声に惑わされず、誠実に人と接するための手がかりに使ってみてください。

子どもに性の知識を持ってほしい大人の方へ

　子どもたちがいま、どこから性の知識を学び、身につけているか、知っていますか。

　2024年現在、学校では性について部分的にしか教えていません。国が定める学習指導要領に通称「はどめ規定」と呼ばれる「妊娠の経過は取り扱わないものとする」などという一文があるためです。また2018年3月、足立区の中学校で3年生を対象に行われた総合学習の「自らの性行動を考える」をテーマとした授業が都議会議員から"学習指導要領を逸脱しており不適切"と厳しい批判を浴びました（東京新聞「都議の教員批判　波紋　中学校の性教育『不適切』　専門家『不当介入』萎縮を懸念　文教委で名指し」2018年）。

　これをもとに「性教育はやりすぎてはいけない。『はどめ規定』は教科、学年にとらわれず守らなくてはいけない」と現場の教師たちは萎縮し、ますます日本の性教育は停滞しました。

　みなさんの中には、子どもたちが性に関する話をしたときに、反応に困ったり、はぐらかしたり、叱りつけたりした経験がある方もいるかもしれません。こうした教材を利用することで、教育関係者が包括的かつ早期の性教育を進める必要性を広く認識したのは、2020年ごろからです。その背景には、残念ながら子どもが性暴力の加害者・被害者になる事件が続いた影響があります。多くの人が性教育の必要性を共有したことで、現在ではたくさんの性に関する本や教材が世に出ています。

　私たちは、保健の授業で扱われることのない、けれども社会に出るうえで知ってほしい内容を、主に中学生以上のみなさんに伝えたいという思いで、本書を執筆しました。性に関する知識とは、体のことだけではありません。この本は、性的言動の前に相手の性的同意を取ることなど、性とコミュニケーションに関わる内容を主としているのが一つの特徴です。また、包括的性教育の主軸となる人権尊重の観点から、ジェンダー不平等や性的マイノリティへの差別といった性に関する社会状況などの内容も盛り込みました。

　これらは、これまで私たちちゃぶ台返し女子アクションが活動を通じて伝えてきたテーマです。中学生に伝えたい言葉やメッセージは何かを、ときに執筆メンバー間で激論をかわしながら一つ一つの言葉に吟味をかさねた内容になっています。対象となる子どもの年齢や伝えたい内容に応じて、他の低年齢向けの本や医学的な内容の本と併せて活用していただいてもよいと思います。

　一部の項目を抜き出して人権教育の授業で使ったり、教室や本棚の片隅に置いたりして、大切な性に関する知識への道を示すために本書を活用してくださると幸いです。

一般社団法人　ちゃぶ台返し女子アクション　執筆チーム

もくじ

第1章
性の多様性

第2章
ジェンダーに基づくあなたらしさ？

第3章
コミュニケーションと同意

第4章
バウンダリー

第5章
性と暴力

第6章
正しい性の知識と法律

この本の使い方

1から26のテーマごとに、イラストを使った解説とワークを使って、性やコミュニケーションについて学ぶことができます。興味のある項目から読み始めてみてください。

自分・相手・社会 ——

このテーマが当てはまる内容（ページ下部参照）が表示されます。

[性的指向って何？]

人を好きになるって どういうことだろう？

クィア（性的マイノリティ全員を指す言葉。性的指向だけでなく、性自認に関するマイノリティも含む）

このほかにもさまざまな性的指向があります

私は異性を好きになります

異性愛者（ヘテロセクシュアル）

あなたはどんな人を好きになる？

概要

このテーマの内容を、イラストを見ながらつかみましょう。

本やマンガ、アニメを見ていると、恋をしているキャラクターの相手は異性だということが多いと感じませんか？ しかし、同性を好きになる人、同性も異性も好きになる人、そもそも好きになるのに性別は関係しないと思う人、他人に性的な魅力を感じない人、恋愛感情を抱くことがない人など、「好き」のあり方は人それぞれです。

自分の恋愛感情や性的な関心がどのような性別の人に向いているのか・あるいは向かないのかを性的指向と呼びます。性的指向を表す言葉には、レズビアン、ゲイ、バイセクシュアル、ヘテロセクシュアルなどがあります。

残念ながら、「異性とカップルになること」を押しつけてくる人がいたり、そうでないと利用させてもらえない制度があったり、この社会にはまだまだ差別が残っています。

しかし、一人ひとりの性的指向のあり方は尊重されるべきものであり、無理に社会に合わせる必要はありません。

016

■3つのラベルについて

各章の項目を「自分」「相手」「社会」の3つのレベルで分け、自分→相手→社会（コミュニティ）の順番に叙述しています。

右の図を参考に、知りたい問題をラベルから選ぶこともできます。よりよい行動へのヒントを見つけてみましょう。

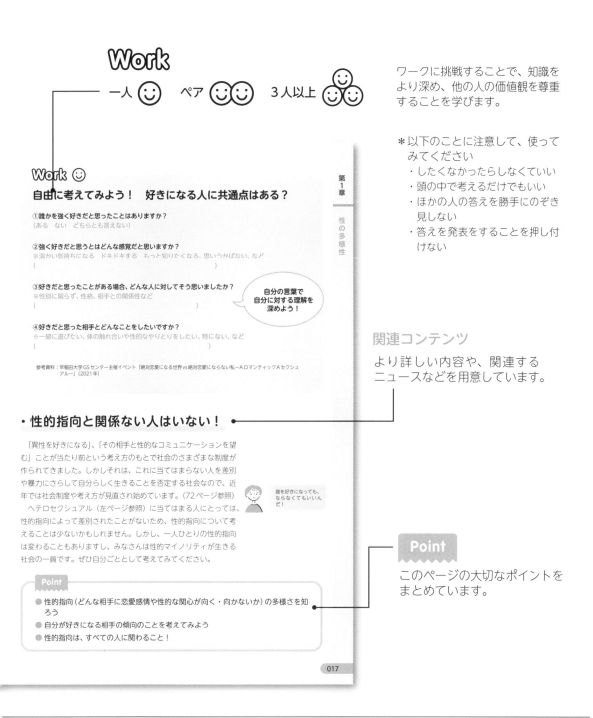

Work

一人　ペア　3人以上

ワークに挑戦することで、知識をより深め、他の人の価値観を尊重することを学びます。

＊以下のことに注意して、使ってみてください
- したくなかったらしなくていい
- 頭の中で考えるだけでもいい
- ほかの人の答えを勝手にのぞき見しない
- 答えを発表をすることを押し付けない

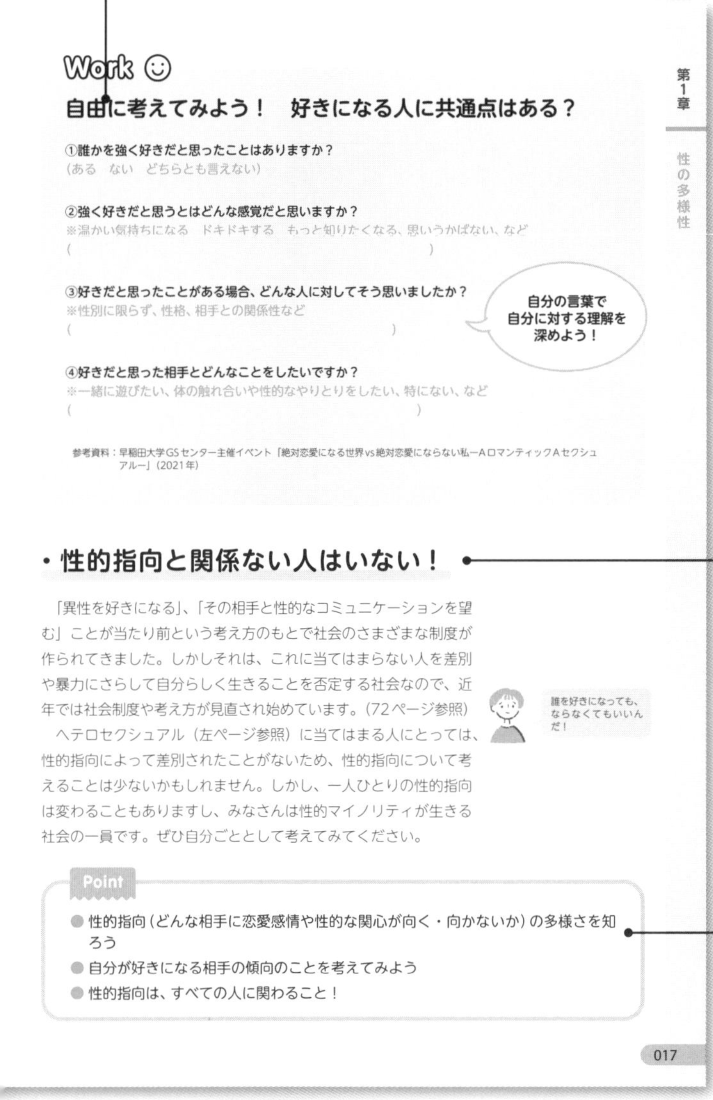
第1章　性の多様性

Work

自由に考えてみよう！　好きになる人に共通点はある？

①誰かを強く好きだと思ったことはありますか？
（ある　ない　どちらとも言えない）

②強く好きだと思うとはどんな感覚だと思いますか？
※温かい気持ちになる　ドキドキする　もっと知りたくなる、思いうかばない、など
（　　　　　　　　　　　　　　）

③好きだと思ったことがある場合、どんな人に対してそう思いましたか？
※性別に限らず、性格、相手との関係性など
（　　　　　　　　　　　　　　）

自分の言葉で自分に対する理解を深めよう！

④好きだと思った相手とどんなことをしたいですか？
※一緒に遊びたい、体の触れ合いや性的なやりとりをしたい、特にない、など
（　　　　　　　　　　　　　　）

参考資料：早稲田大学GSセンター主催イベント「絶対恋愛になる世界vs絶対恋愛にならない私ーAロマンティックAセクシュアルー」（2021年）

・性的指向と関係ない人はいない！

「異性を好きになる」、「その相手と性的なコミュニケーションを望む」ことが当たり前という考え方のもとで社会のさまざまな制度が作られてきました。しかしそれは、これに当てはまらない人を差別や暴力にさらして自分らしく生きることを否定する社会なので、近年では社会制度や考え方が見直され始めています。（72ページ参照）

ヘテロセクシュアル（左ページ参照）に当てはまる人にとっては、性的指向によって差別されたことがないため、性的指向について考えることは少ないかもしれません。しかし、一人ひとりの性的指向は変わることもありますし、みなさんは性的マイノリティが生きる社会の一員です。ぜひ自分ごととして考えてみてください。

誰を好きになっても、ならなくてもいいんだ！

Point
- 性的指向（どんな相手に恋愛感情や性的な関心が向く・向かないか）の多様さを知ろう
- 自分が好きになる相手の傾向のことを考えてみよう
- 性的指向は、すべての人に関わること！

017

関連コンテンツ

より詳しい内容や、関連するニュースなどを用意しています。

Point

このページの大切なポイントをまとめています。

自分　自分を大切にするためにどうすればいいかを学びたいとき

相手　身の回りにいる人を尊重するためにどうすればいいか学びたいとき

社会　自分がいるコミュニティ（家やクラスや街など）をみんなの権利が尊重される場にしていくためにどうすればいいかを学びたいとき

性的言動ってどんなものがあるの？

●目で見る

相手の体を見たり

見つめ合ったり

全裸じゃなくても性的言動になることもあるよ

●写真や動画を撮る

一緒に撮ったり　　相手を撮ったり

●ポルノを見る

アダルトビデオを一緒に見たり

●送る、受け取る

撮って　　　　　　送信

相手に見せたり

> **注意！**
> 写真や動画のデータは、一度インターネット上にアップロードされたりSNS経由で送られたりすると、簡単にコピーできてしまい、削除することがとても難しい。
> また、自分で保存しておくだけのつもりでも、スマホやPCがウイルスに感染して、データが流出してしまうことも！
> データが望まない形で広まってしまったり、見られたくない人に見られてしまったりする被害が、毎年数多く起きているんだよ。

●着ているもの、身につけているものに触れる

触ったり　　　　ずらしたり　　　　脱がしたり

プライベートゾーン以外の触れ合いも性的言動になりうるよ

●体に触れる

性的言動かどうかは、人や状況によって変わってくることに注意

手をつないだり　頭や髪をなでたり　ハグしたり　肩を組んだり

キスしたり　　性器に触れたり　性器同士を触れ合わせたり

性的言動は人それぞれに表し方や受け止め方が違うから「ふつう」「当たり前」はないんだよ

性的言動は2人でするものだけじゃないよ

一人でしたり　　3人以上でも

オナニー*とかね

＊セルフプレジャー、マスターベーションとも。一人で性欲を解消すること（触る部分を清潔にすること、一人になれる空間であることに注意しましょう）。

次ページに続く

●性に関する話をする、話を聞く

恋人ともう
セックスした？

経験人数は何人？

オナニーしたことある？

性的な経験の話

セクシュアリティの話

どういう人とHしたいと思う？
私男の人も女の人も好きになる
んだよね

あなたを見ると
ムラムラする

触ってほしいと
思ってるの

体についての話

胸のサイズいくつ？
下の毛ってもう生えた？

お互いの魅力の話とか

性的言動って私達がイメージするような
セックスにまつわる話だけじゃなくて、い
ろんな言動が入るんだね

セーファーセックスのポイント
より安全なセックス（セーファーセックス）のためには、望まない妊娠や性感
染症を防ぐことが大切！
望まない妊娠はコンドームや低用量ピルなどの避妊具によってある程度防ぐこ
とができるよ。避妊に失敗した時は、性行為から72時間以内に緊急避妊薬を
飲むことで、高い確率で妊娠を防ぐことができる。
性感染症の予防には、コンドームを使おう。
保健所では、無料で性感染症の検査ができるよ。

これも覚えておこう！性的言動のポイント

ポイント①

みんながみんな「性的関心」を持っていたり、「性的欲求」を感じたりするわけじゃないよ（16ページ参照）

ポイント②

すべての性的言動の前に相手の同意を確認しよう！性的同意のない性的言動は性暴力になっちゃうよ（38ページ参照）

ポイント③

性暴力は、ジェンダーやセクシュアリティに関係なく、誰でも当事者になり得るよ！（56ページ参照）

すべての性的言動の前に相手の「同意」を確認しよう！

性について学ぶときのキーワード

● ジェンダー

　ジェンダーとは、「生まれたときに男性か女性に分けられて、その性別らしく生きることが当たり前」などとされる社会をかたちづくるさまざまな決まり事や考え方などを意味します。

　よく、ジェンダーは、「生まれたきとに割り当てられた生物学的性別（セックス）」の上に、社会が作り出した「男性らしさ」や「女性らしさ」と説明されています。しかし、この本では、セックス（生まれたときに他の人に決められた性別）もジェンダーに含まれると考えます。なぜなら、人が生まれたときに性器の形や必要に応じて染色体に基づいて養育者やお医者さんが性別を決めるということも、社会が作り出したルールだからです。

● セクシュアリティ

　セクシュアリティとは、人間の性のあり方を指す言葉です。

　具体的には、体、立ち居振る舞いや服装・言動（性表現）、自分がどのような性別の相手に魅力を感じるのか（性的指向）、自分をどのような性別だと認識するのか（性自認）など、私たちのあらゆる側面が含まれます。

　LGBT（レズビアン・ゲイ・バイセクシュアル・トランスジェンダー）という4種類の言葉の頭文字を並べた略称は、性的マイノリティ（セクシュアル・マイノリティ）を表す言葉として、よくメディアなどで使用されています。しかし、セクシュアリティは、この4種類にすっきりと分けられるわけではなく、人それぞれ異なるので、「性はグラデーション」という表現がよく使われています。

＊セクシュアリティを表す枠組みには、「SOGIE（Sexual Orientation, Gender Identity, Gender Expressionの略称）」などもあります。

● 人権

　人権とは、私たちが人間らしく生きるためのさまざまな権利や自由のことです。私たちは人間であれば誰でも全員平等に人権を持っています。例えば、罪を犯した人も、ノーベル賞を受賞した人も、一国の王様も、持っている人権の内容に違いはありません。

　また、人権とは生まれたときから全員が自然に持つものであり、誰かから義務や条件と引き換えに与えられるようなものではありません。「権利を尊重してほしいなら、まず義務を果たす必要がある」という意味で、よく「権利と義務はセット」と言われますがこれは誤りです。社会が決めた義務を果たさない、または果たせない人には人権はないとしたり、人権を奪ったりすることもできません。

　国家や私たち一人ひとりは、誰かの人権を尊重し、侵害しないようにする必要があります。もし、「私たちの人権が尊重されていない」と感じることがあるならば、私たちには声をあげる権利があります！

■参考
https://www.hurights.or.jp/japan/learn/
https://www.pref.hiroshima.lg.jp/uploaded/attachment/6345.pdf

性の多様性

[性的指向って何？]
01 人を好きになるって どういうことだろう？

- レズビアン — 私は女性を好きになる女性です
- クエスチョニング — 私はどんな性的指向なのかわかっていません
- パンセクシュアル — 私は相手の性別とは関係なく人を好きになります
- ゲイ 同性愛者（同性を好きになる人） — 私は男性を好きになる男性です
- バイセクシュアル — 私は同性も異性も好きになります
- リスロマンティック — 私は誰かに恋愛感情を示されるのは苦手です
- アロマンティック — 私は誰かに恋愛感情を持ちません
- アセクシュアル Ace（恋愛・性愛を抱かない人） — 私は誰かに性的に惹かれることはありません
- デミセクシュアル — 私は深い友情を築いた人を好きになります

クィア（性的マイノリティ全員を指す言葉。性的指向だけでなく、性自認に関するマイノリティも含む）

このほかにもさまざまな性的指向があります

異性愛者（ヘテロセクシュアル） — 私は異性を好きになります

あなたはどんな人を好きになる？

本やマンガ、アニメを見ていると、恋をしているキャラクターの相手は異性だということが多いと感じませんか？　しかし、同性を好きになる人、同性も異性も好きになる人、そもそも好きになるのに性別は関係しないと思う人、他人に性的な魅力を感じない人、恋愛感情を抱くことがない人など、「好き」のあり方は人それぞれです。

自分の恋愛感情や性的な関心がどのような性別の人に向いているのか・あるいは向かないのかを性的指向と呼びます。性的指向を表す言葉には、レズビアン、ゲイ、バイセクシュアル、ヘテロセクシュアルなどがあります。

残念ながら、「異性とカップルになること」を押しつけてくる人がいたり、そうでないと利用させてもらえない制度があったり、この社会にはまだまだ差別が残っています。

しかし、一人ひとりの性的指向のあり方は尊重されるべきものであり、無理に社会に合わせる必要はありません。

Work ☺

自由に考えてみよう！　好きになる人に共通点はある？

①誰かを強く好きだと思ったことはありますか？
(ある　ない　どちらとも言えない)

②強く好きだと思うとはどんな感覚だと思いますか？
※温かい気持ちになる　ドキドキする　もっと知りたくなる、思いうかばない、など
(　　　　　　　　　　　　　　　　　　　　　　　　　　　　　)

③好きだと思ったことがある場合、どんな人に対してそう思いましたか？
※性別に限らず、性格、相手との関係性など
(　　　　　　　　　　　　　　　　　　　　　　　)

> 自分の言葉で
> 自分に対する理解を
> 深めよう！

④好きだと思った相手とどんなことをしたいですか？
※一緒に遊びたい、体の触れ合いや性的なやりとりをしたい、特にない、など
(　　　　　　　　　　　　　　　　　　　　　　　　　　　　)

参考資料：早稲田大学GSセンター主催イベント「絶対恋愛になる世界vs絶対恋愛にならない私―AロマンティックAセクシュアル―」（2021年）

・性的指向と関係ない人はいない！

　「異性を好きになる」、「その相手と性的なコミュニケーションを望む」ことが当たり前という考え方のもとで社会のさまざまな制度が作られてきました。しかしそれは、これに当てはまらない人を差別や暴力にさらして自分らしく生きることを否定する社会なので、近年では社会制度や考え方が見直され始めています。（72ページ参照）

誰を好きになっても、ならなくてもいいんだ！

　ヘテロセクシュアル（左ページ参照）に当てはまる人にとっては、性的指向によって差別されたことがないため、性的指向について考えることは少ないかもしれません。しかし、一人ひとりの性的指向は変わることもありますし、みなさんは性的マイノリティが生きる社会の一員です。ぜひ自分ごととして考えてみてください。

Point

● 性的指向（どんな相手に恋愛感情や性的な関心が向く・向かないか）の多様さを知ろう

● 自分が好きになる相手の傾向のことを考えてみよう

● 性的指向は、すべての人に関わること！

[性自認って何？]

目の前にいる人の性別、決めつけてない？

生まれた時に決められた性別と自認する性別が一致している

生まれた時に割り当てられた性別は男性だが性自認は女性。またはその反対

二つの性別の真ん中にいると感じている

同時に二つの性別であると感じている

性自認を持たないと感じている

さまざまな性別の間で揺れ動いていると感じている

性自認がわからない。または決めていない

X ジェンダー
男女いずれか一方には当てはまらない性自認を持つ人

トランスジェンダー
生まれたときに割り当てられた性別と性自認が一致していない

＊ここに書いてあるトランスジェンダーの分類は一例で、文化圏やコミュニティによってさまざまな分類や言葉が使われています。

 ## 目の前にいる人の性別、決めつけてない？

　赤ちゃんが生まれたとき、病室のベッドにはその赤ちゃんの性別が書かれます。しかし、生きていく中で、この生まれたときに割り当てられた性別に違和感を持つ人がいます。

　「私は自分を女性だと思う」など、自分で自分の性別をどう認識しているかを**性自認**といいます。

　割り当てられた性別と性自認が一致しない人や、自分の性自認がわからない、決められないという人は、今も昔も当たり前にいます。2019年に大阪市で行われたアンケートでは、「出生時の性別」に違和感がある人、あるいは別の性別ととらえている人の割合は1.1%

でした（『大阪市民の働き方と暮らしの多様性と共生にかんするアンケート報告書』）

　私たちは性別を男性と女性に分けて考えがちです。しかし、法律上の性別、見た目や仕草、言葉づかいなどをもとに性別を勝手に決めつけて接することは、相手に性自認と異なる扱われ方をされて居心地を悪くさせているかもしれません。私たちは相手がどんな性別として扱われたいのかを尊重すべきなのです。

　たとえば、学校や企業では、性別で敬称を分けずに、すべて「〇〇さん」と呼ぶなど、人の性別を決めつけないための取り組みも増えています。

Work ☺

トランスジェンダー学生の声

「トランスジェンダー」とは、生まれたときに割り当てられた性別と性自認が一致しない人のことを指します。これは、トランス女性（生まれたときに割り当てられた性別は男性で、性自認は女性）のMさんの学生時代のエピソードです。

学校の男子の制服は学ランでしたが、私にとって学ランとは自分を男だと証明するもののようで苦手だったので、着ないで登校して、服装検査でひっかかっていました。

クラスごとの出し物の劇でお姫様役に選ばれ、女子だけでなく男子からもかわいいと言ってもらえたことがうれしくて、「そうか、私はお姫様になってもいいのか」と気持ちが軽くなったことが印象に残っています。こうして、女の子として扱われる度に気持ちが楽になったのです。一方で、「男子なのにかわいい」「男子とは思えない」という一見ほめ言葉のように思える声を聞くと、「あくまで自分は男子という概念からは自由になれないんだな」と落ち込みました。

考えてみよう！

・Mさんはどうしてこのような違和感を持ったのでしょうか？
・学校や周りの人は、Mさんの性自認を尊重するために何ができたでしょうか？

・自認する性別の尊重は、まだ不十分

国際社会では、性自認を理由とした差別は許されないという考えが広がっています（「LGBTIの人の権利に関する『ジョグジャカルタ原則』10年ぶりに更新」）日本には、性別変更に関して厳しい条件を求めている「性同一性障害特例法」があります。この法律が、性自認に基づいた差別だとして、国連人権理事会から勧告されています。一人ひとりの性自認が十分に尊重されているとはいえません。すべての人が自認する性別で生きる権利を持つ社会を求めて、こうしたハードルをなくすようさまざまな団体が訴えています。

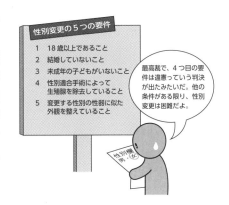

性別変更の5つの要件

1　18歳以上であること
2　結婚していないこと
3　未成年の子どもがいないこと
4　性別適合手術によって生殖腺を除去していること
5　変更する性別の器官に似た外観を整えていること

最高裁で、4つ目の要件は違憲っていう判決が出たみたいだ。他の条件がある限り、性別変更は困難だよ。

Point

● 「性自認」とは、自分で自分の性別をどう認識しているかを指す

● 生まれたときに割り当てられた法律上の性別と性自認は異なる場合がある

● あらゆる人が自認する性別として生きられるように、それぞれの性自認を尊重する取り組みが少しずつ行われている

03

[身体の性って何？]

女の子も男の子も、体はいろいろ

 体の特徴＝特定の性別ではない

女性の体、男性の体とは、どのようなものでしょうか？　女性なら子宮や卵巣がある、男性なら精巣やペニスがあるものだと習った人も多いと思います。しかし、それは、私たち全員の体に当てはまるわけではありません。赤ちゃんが生まれるまでの間に、母親のおなかの中で、体の中と外にある器官（たとえば性腺〈精巣・卵巣〉や外性器）の発達が少しほかの人とは違うように進むことがあります。

このような発達の状態を**性分化疾患、DSDs（Differences of Sex Development：**

体の性のさまざまな発達）と呼び、現在では、70種類以上の状態があるといわれています。

例えば、ロスタンスキー症候群を持つ女性は、生まれながらに子宮を持たないため月経もありません。

DSDsが意味するのは、女性でもさまざまな体の人がいる、男性でもさまざまな体の人がいるということです。「女性・男性ならばこのような体」と決まっているわけではないのです。

・DSDsについてのよくある誤解

DSDsについては、正しい理解が進んでいないことから、当事者を傷つける誤解や偏見も多いのが現状です。一番多いのが、「男でも女でもない」とか「男女以外の"第三の性"を持つ」という誤解です。中にはXジェンダー（18ページ参照）の人もいますが、DSDsを持つ人は、体のほんの一部分がほかの人とは少し違った発達をしているだけであり、その

こと自体が、その人が"男女以外の性別"であることを決めるわけではありません。

生まれてすぐわかる場合、思春期やそれ以降にわかる場合があります。

正しい知識を持とう！

・ありのままの自分でスポーツに参加すること

DSDsを持つ女性の中には、スポーツの記録に影響を与えるとされるホルモンの値が、一般的な女性より高い人がいます。そのような女性は、スポーツの大会出場の条件として、ホルモン値を薬などで下げるよう求められることがあります。しかし、こういった制限があると、選手がありのままに大会に参加できないとして批判が集まっています。競技に参加するすべての人の尊厳、安全や健康が守られるルールのあり方について、更なる検討がスポーツ界に求められています。

©Getty Images

DSDsを持ち、陸上競技や女子サッカーで活躍するキャスター・セメンヤ選手。
セメンヤ選手は、東京オリンピック2020において、ホルモン値を理由として、自身が得意とする女子800m競技への出場が許されなかった。

Point

● 性に関する体のさまざまな発達状態を、DSDs（Differences of Sex Development、またはインターセックスと呼ぶ

● 女性でも男性でもさまざまな体の人がいる

● DSDsは、性的指向や性自認とは異なる概念であるため、注意が必要

自分　相手　社会

04

[性的マイノリティに対する偏見と差別]

無意識のうちに差別をしないために

差別の例

差別用語を言われる

性に関することを理由に面接を打ち切られる

病院でパートナーに面会できない

身近に潜む、性的マイノリティへの差別

　相手の性別を決めつけて話したり、異性を好きになることを前提に話をしたりすることはありませんか。性的マイノリティについて正しい知識を持たずにこうした発言をすると、差別につながってしまうことがあります。

　性的マイノリティの10代当事者約40%は、いじめを受けた経験があります（第3回LGBTQ当事者の意識調査、2023年）。例えば、「男なのに女っぽいのはきもちわるい・男が好きなのは異常だ」と言われたり、「ホモ」「レズ」「おかま」などと差別的な呼び方をされたりすることがあります。本人のいないところで「あの人は同性愛者に違いない」と噂を流されたり、からかわれることも差別に含まれます。

　こうした差別発言は「本人に直接言わなければ問題ない」わけではけっしてありません。こうした小さな言動を許すことは、差別意識を社会に広げて性的マイノリティの居場所を奪うことにつながります。

　また、性的マイノリティであることを周りに言っていない人もたくさんいます。当事者に言っていないつもりでも、実は相手が性的マイノリティである可能性も考慮して接する必要があります。

　性的マイノリティであることを理由にしたいじめや差別によって、存在を否定されるほど傷つく人もたくさんいます。詳しくはLGBT法連合会が出している「困難リスト（第3版）」を見てください。さまざまなセクシュアリティ（16ページ参照）の人が存在することを意識して行動することが大切です。

Work

こんな場面を見たとき、あなたなら何ができるでしょうか。

ペアになって話し合ってみましょう。

① 性的マイノリティの人が差別的な発言をされているとき

② 友だちの性自認や性的指向を断定して話している場面に居合わせたとき

ホップ・ステップ・ジャンプの対処方法

右の図は、無意識または悪意のある差別の場面で、あなたができる対処方法をステップ別に表しました。まずは自分にできることを考え、ロールプレイするなどしてぜひ実践してみましょう。

【ジャンプ】
・この本で得た知識や、追加で調べた知識をもって、相手に「その発言は〇〇〇という理由で差別になる」と明確に伝え、差別発言を止める。

【ステップ】
・「そういう話、あんまり面白くないからやめよう」といったん話をそらす。
・「性的マイノリティのこと、ちゃんと知ってる?」など、自分の得た正しい知識を周りの人に共有する。
・自分はアライであることを明確に表明する。（アライについては下の解説を CHECK！）

【ホップ】
・言動の内容を記録し、信頼できる大人や相談センターに連絡する。
・傷ついている被害者がいれば寄り添ってサポートする。

・アライになろう

※これらを定めたパワーハラスメント防止措置は、事業者に義務づけられています。「だれもが職場で加害者にも被害者にもなりうる「SOGIハラ」とは？厚労省「パワハラ防止指針」を採択」松岡宗嗣より

「パワーハラスメント」に該当する6類型

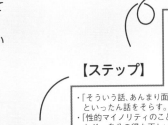

1 身体的な暴力
▶殴る蹴る、物を投げつけるなど

2 精神的な暴力
▶大声での叱責、人格否定など

3 人間関係からの切り離し
▶長期間別室に隔離するなど

4 過大な要求
▶明らかに不要な業務を命じるなど

5 過小な要求
▶合理性なく仕事を与えないなど

6 個の侵害
▶プライベートの詮索など
※性的指向や性自認等の個人情報について同意なく暴露することも

16〜19ページで性的指向や性自認は多様であり、そして、誰もが人権を尊重されるべきだと学びました。しかし現在の日本では、知識不足や誤った情報のせいで、日常的に偏見や差別を受ける性的マイノリティがいまだに多くいます（84ページの「困難リスト」参照）。

そんな中で、性的マイノリティを理解、支援する人をアライ（ally）といいます。一人ひとりが性的マイノリティについて正しい知識を持ち、アライになることは、性的マイノリティの人権が尊重された社会を作ることにつながります。

まずは、自分が差別につながる発言をしていないか振り返るなど、できることから始めてみましょう。

Point

● 性的マイノリティへの差別にあたる言動は絶対に許されない

● 差別にあたる言動を身近に見たら、被害者に寄り添う、話をいったんそらすなど、自分にできることを探そう

● 性的マイノリティを理解、支援する人を「アライ」という

column 1 オールジェンダートイレ

　日本のトイレは、男女別であることがほとんどです。しかし、スウェーデンではすでにオールジェンダートイレが当たり前になっており、近年英米や台湾などの地域でも、徐々に導入が増えてきました。

　オールジェンダートイレとは、ジェンダー、年齢、障害の有無、宗教など関係なく、誰もが安全に使えるインクルーシブ（包摂的な）トイレのことです。さまざまなデザインがありますが、音漏れしにくい分厚い壁や、天井まで壁が続いている完全個室タイプ、個室の中に手洗い場が設置されているタイプなど、利便性を考慮し工夫されたデザインが見られます。

　男女別のトイレは、二分化されたトイレが使いにくいトランスジェンダーの人々、ノンバイナリーの人々、子育て中の親、プライバシーのない男子トイレが苦手な人や異性の障害者を介助している人々などにとって使いにくい仕様です。

　「多目的トイレ」や「誰でもトイレ」もありますが、数が少なく、わざわざ探す手間がかかります。また、男女別トイレが基本の社会では、このような誰でもトイレを使うだけで「特別な人」として見られるという心理的ハードルもあります。

　それに対して、オールジェンダートイレは、誰もがアクセスしやすいように設計されており、実は性的少数者の人たちだけでなく、多様な人々にとって使いやすいのです。

イギリス、ロンドン大学SOASのカフェテリア横に設置されたオールジェンダートイレ。撮影：戸谷知尋

東京大学のKYOSS（教育学部セイファー・スペース）に設置されたオールジェンダートイレ。写真元：https://www.u-tokyo.ac.jp/focus/ja/features/di-campus03.html

第 2 章

ジェンダーに
基づく
あなたらしさ？

[ルッキズム]

05 社会が勝手に決めちゃった、「よい見た目」の基準

 ## 見た目に正解なんてない

やせる方法を周りから聞いたり、メイクの方法をSNSで見たりすると、影響を受けて「かわいく・かっこよくなるために〇〇しなきゃ！」と考えることがありませんか？

私たちの見た目は一人ひとり違いがあって当たり前で、正解なんてないはず。しかし、広告・テレビ・雑誌などのメディアが「かわいい・かっこいい見た目はコレだ！」と勝手に決めることで、まるで見た目に「正解」と「不正解」があるかのように感じてしまうことがあります。この影響を受けて、自分の容姿に

強いコンプレックスを持ったり、他人にどう見られるかが不安で、精神的に苦しむ思春期の子どもたちも少なくありません。

本来なら、私たちは見た目の特徴にかかわらず、ありのままの姿を尊重されるべきです。社会が勝手に作った「正解」の見た目に自分が当てはまらなくても、自分を否定する必要はありません。そして、自分のなりたい姿がそれと違っていたとしても、まったく問題ないのです。

Work ☺/☺☺

周りの人を、体のこと以外でほめてみよう！

■ 人数：1人・ペア（2人）
■ 時間：5分
■ 必要なもの：一人の場合は鏡
●注意事項：顔や体の特徴、髪型など、見た目に関することを含まないほめ言葉を作ってみましょう！

例

○○さんはいつも誰に対しても気さくで優しいね。○○さんがいるとクラスが明るくなって素敵！

●なぜ容姿以外でほめる練習をするの？
周りの人の見た目を勝手に評価したり、否定したりすることは、その人のバウンダリー（50ページ参照）の侵害にあたる場合もあります。また、あなたが相手をほめているつもりでも、相手はそれを快く思わないこともあります。どう受け取るかは人それぞれなので、周りの人に自分の思う「よい見た目」の基準を押し付けたり、見た目だけで人を判断しないようにしましょう。

見た目（目の色）をほめられた時の反応例

目が青いから？目の色が違ったら素敵じゃなくなるの？

やったあ！嬉しいなあ

これ、コンプレックスなんだけど……

・多様な見た目を肯定する社会へ

プラスサイズモデル（これまでのモデルよりも大きめの体を持つモデル）という言葉を聞いたことがありますか？　長い間、モデルといえば細い体の人ばかりでした。しかし、これにより、「細い体の方が価値がある」という誤った思い込みが社会に広がり、若い女性の摂食障害※につながりました。最近では、こういった思い込みを壊して、本来体型は多様であり、どんな体型でもありのまま尊重されるべきだ、というメッセージを社会に広げるため、プラスサイズモデルなど、さまざまな体型の美しさに光を当ててモデルを起用する会社が増えています。

※ 摂食障害：やせたいという強い気持ちや太ることへの恐怖などから、ごはんを食べられなくなってしまったり、逆に食べすぎてしまったり、食べても吐いてしまったりして、心と体に影響が及ぶ病気。

リアルサイズモデル北原弥佳
Instagram ID @mika_kitahara
photographer/Shiori Ota
Instagram ID @Shiori Ota

Point

● 社会が勝手に作った「正解」の見た目をしていなくても、変わらず尊重されるべき

● 他人の容姿を評価することは、バウンダリーの侵害にあたる場合がある

● 最近では、より多様な見た目が肯定される動きがある

06

[ジェンダーバイアスについて知ろう]

女子の方が料理が上手って、本当？

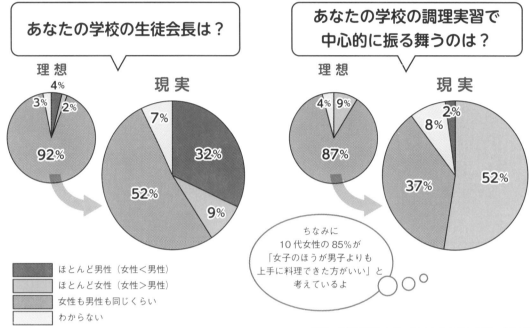

あなたの学校の生徒会長は？

理想
- 4%
- 3%
- 92%
- 2%

現実
- 7%
- 32%
- 52%
- 9%

あなたの学校の調理実習で中心的に振る舞うのは？

理想
- 4%
- 9%
- 87%

現実
- 2%
- 8%
- 37%
- 52%

ちなみに
10代女性の85%が
「女子のほうが男子よりも
上手に料理できた方がいい」と
考えているよ

- ■ ほとんど男性（女性＜男性）
- ■ ほとんど女性（女性＞男性）
- ■ 女性も男性も同じくらい
- □ わからない

出典：公益社団法人ガールスカウト日本連盟　（2019）

⚠ 性別らしさの押しつけに注意

　「女の子・男の子なんだから、〇〇しなさい」と言われたとき、なんだかモヤモヤすることはありませんか？　なぜ性別だけを理由に、振る舞い方を決められなければいけないのでしょう。

　私たちの社会には、「その性別らしさ」をを決めつけ、その通りあるべきだという思い込み（＝ジェンダーバイアス）があります。「男性の方が論理的でリーダーに向く」などもその一例です。

　本来、人は性別に関係なくさまざまな個性を持っており、得意不得意にも個人差があります。すべての人が自分らしく振る舞えて、

　また、自由に仕事を選べる社会こそが平等な社会です。しかし、いまだに一人ひとりの中にジェンダーバイアスがあり、その影響で社会制度の性差別が温存されたり、性別によって特定の仕事を押し付けられたり、給料が低かったりすることがあります。

　たとえば、男性は女性より育休取得率が約63ポイント低い（令和4年度雇用均等基本調査）という調査があります。「子育ては女性がするもの」という思い込みから、女性は仕事を休んで育児をすることが当たり前とされ、男性は育児に関わりにくい状況があるといえるでしょう。

Work ☺/☺☺

身の周りのジェンダーバイアスに気付こう！

リーダー、科学者、家で食事を作る人という言葉を思い浮かべたとき、あなたの頭の中に思い浮かぶのは誰でしょうか？
アニメキャラクターや芸能人、実在する（した）人を思いうかべてみましょう。
また、自分自身の性別と結びつけて考えることはできますか？
イメージしにくい場合、その理由も考えてみましょう。

■ 人数：1人・ペア（2人）
■ 時間：10分

ジェンダーバイアスはどこから？

　私たちの周りにある本やテレビ番組は、特定の性格や仕事を特定の性別に結びつけることが多くあります。そして、それは私たちの中のジェンダーバイアスをより強くしています。ジェンダーバイアスがそれほど強くない国の本やアニメを見てみると、女の子のレスキュー隊員や男の子のシェフが登場することもたくさんあります。試しに、各国の映画や番組を見て見比べてみてください。本当はどんな性別でも何をしてもよいし、何にでもなれるということを常に意識できるとよいですね。

リーダー_____

科学者_____

家で食事を作る人_____

・無意識のジェンダーバイアスを無くそう！

　「女子はそういうことするのやめたほうがいいよ」「この役目は男子の方がいいんじゃない？」誰でも一度は聞いたことがあるかもしれませんね。
　私たち一人ひとりがジェンダーバイアスに囚われない発言を意識できれば、社会の思い込みは弱くなっていき、みんなが自分らしく生きられる社会に近づいていきます。
　ふだんの会話の中で、周りの人の性格や能力を性別だけで判断してしまっていないか、意識してみましょう。

男はみんな〇〇だから

ハンカチないの？
「女子力」ないなー！

それってほんとに
そうなのかな

と声をあげることができたらいいですね！

Point

● 「その性別らしさ」を決めつけ、その通りあるべきだという思い込みを、ジェンダーバイアスという

● ジェンダーバイアスのせいで、自分らしく振る舞えなかったり、自由に仕事を選べなかったりする状況がある

● 自分もジェンダーバイアスに影響を受けていることを知り、そして、人を性別で判断、評価しないように心がけてみよう

07

[性差別]

「性別に基づく差」、
当たり前のこと？

どうしてゲーセンのプリ機コーナーは男性が1人で入れないの？

なんで映画館にはレディースデーがあるの？

なんで女性が家事・育児や介護をすることが多いの？

＞　「当たり前」にツッコミを入れよう！　＜

もっともらしい常識を疑ってみよう

　社会には「性別に基づく差」があります。それはルールや制度の場合もあるし、決められているわけではないけど自然とそうなっている、という場合もあります。たとえば、相撲の土俵に上がれるのは男性のみというルールや、看護師は9割以上が女性という現状などです。性別に基づく差はあまりにもたくさん当たり前に存在するので、「なんでこんな差があるのだろう？」と疑問に思ったことがある人は、もしかしたら少ないかもしれません。

　しかし、このような当たり前に見える差の背景には、ほとんどの場合、さまざまなジェンダーバイアス（28ページ参照）や性差別が複雑に関係しています。例えば、1975年の大学進学率は、男子が41.0％であるのに対して、女子は12.7％でした。「女の子はお嫁に行くんだから、学歴は必要ない」という女性差別的なジェンダーバイアスがその背景にあります。しかし当時、この進学率の大きな差は、きっと「当たり前」のことで、女性差別だと考える人はほとんどいなかったでしょう。なお、2019年の進学率は、男子が56.6％、女子が50.7％と、当時に比べると差はかなり小さくなりました。

　ジェンダーバイアスや性差別に基づく差は、少しずつなくしていく必要があります。そのためには、差を当たり前だと思わずに「なんで差があるの？」「どうして？」と自分や社会に問いながら、一つ一つ考えていくことが大切です。

Work 😊/😊😊

差について
考える練習

■ 人数：1人〜
■ 時間：20分

> **Q** みなさんの通っている学校の校長先生はどんな性別ですか？実は中学校の校長先生のうち女性は7.4%、つまり13人に1人しかいません（令和元年度調査）。校長先生は、ふつうの先生たちが試験を受けてなるものですが、公立中学校の先生の男女比は女性が44%で、少し男性より少ない程度です。なぜ女性の校長先生は少ないのでしょうか？　下のデータを参考に考えてみましょう。

▼公立小学校・中学校の先生へのアンケート調査

①あなたは将来、管理職になりたいと思いますか

「ぜひ／できればなりたい」と答えた割合

女性 7.0%

男性 29.0%

③子どもが小さいときに家事・育児などをどの程度担っている（た）か

「ほとんど／半分以上自分がしている（た）」と答えた割合

女性 79.4%

男性 2.7%

②管理職に「あまり／絶対になりたくない」理由は何ですか

「責任が重くなると、自分の家庭の育児や介護等との両立が難しい」と答えた割合

女性 51.5%

男性 34.9%

④「家事・育児は女性のほうが向いている」と思いますか

「そう思う／ややそう思う」と答えた割合

女性 42.9%

男性 55.9%

⑤じゃあ、実際に女性の方が家事・育児に向いているの？

　　　　　　　　　　　　　　　　　　そんなデータ
　　　　　　　　　　　　　　　　　　はありません！

⑥じゃあ、何でみんな女性の方が家事・育児に向いている、家事・育児をすべきって思っているの？
　→社会の偏見が作り出したジェンダーバイアスが原因！
　　「男性はバリバリ働いて一家の大黒柱になるべき」「女性は家事・育児するべき」という思い込みがみんなの中にある

飯島絵理「女性校長はなぜ少ないのか、少ないことはなぜ問題か 学校教員の男女格差の現状と子供のまなざし」NWEC実践研究10巻（2020年）

• 職業に関わる差別

　2018年、さまざまな大学の医学部で、女子受験者の点数が減点されていることが発覚し、世間に衝撃を与えました。多くの人々が差別だと怒りましたが、「女性は結婚や出産で仕事を辞めるから、医師の人手不足を防ぐためには仕方がない」と、減点した大学をかばう声もあがりました。

　医師の仕事はとても忙しく、体を壊してしまうほどの残業をさせられることもあります。そのため、家庭と仕事の両立ができず、仕事を辞めざるを得ないケースが多いということです。

　しかし、子どもがいる男性医師も多いはずなのに、なぜ女性ばかりが家事や育児のために仕事を辞めるのでしょうか。ここにも「家事や育児は女性の仕事だ」というジェンダーバイアスが影響しています。本当に必要なのは、女性から医師になる道を奪うのではなく、性別問わず長時間働かなくてもいい、家事や育児と仕事の両立がしやすいしくみづくりや、男性でも家事や育児を担当することが当たり前になることではないでしょうか。G7の国々の35歳以下の女性医師割合は日本とアメリカを除くすべての国々で50%を超えていることからも、差を解消していけると言えます。（2014年時点）

Point

● 社会における「性別に基づく差」には、ジェンダーバイアスや性差別が関係している

● 差を解消するためには、差を作る要因に目を向け、考える必要がある

column 2 世界で差別される女の子たち

　世界では、5人に1人の女の子が18歳未満で結婚をしています。特にこうした事例が多いのが、南アジアとサブサハラアフリカ（サハラ砂漠より南アフリカの地域）です。18歳未満の結婚は児童婚と呼ばれ、女の子たちの意思とは関係なく結婚を強いられている場合がほとんどです。こうした強制的な児童婚の原因には、女性は早く結婚して家庭に入り子育てをすべきだという思い込みや、自分の娘を結婚させ手放すことで家庭にかかる支出を減らそうとする目的があります。児童婚をした女の子たちの多くは学校に通うことができません。また、性暴力の被害にあったり、若くして妊娠させられたりすることが多いため、体に大きな負担がかかります。

　他にも、女性が学校に行くことを禁止している国があります。アフガニスタンでは、2021年にタリバンという武装勢力が国を支配するようになってから、女性が中学校、高校、大学に通えなくなりました。また、禁止はされていませんが、貧困や児童婚を理由に女性が学校に通わない地域も多くあります。

　世界では、こうした女性差別をなくすためにさまざまな取り組みが行われています。例えば、国際連合では差別をなくすための「世界人権宣言」（1948年）「女性差別撤廃条約」（1979年）などのルールが取り決められ、こうしたルールを元に性別による差別やその他の差別を行う国の政府を批判したり、改善を勧めたりしています。しかし、日本のように女性差別撤廃条約に批准していても選択議定書を批准しておらず実効性が伴っていない国もあり、差別解消に向けての課題はまだまだ残っています。さらに、性別による差別が残っている背景には地域の慣習・文化があるので、それらを踏まえて差別解消への取り組みを進めていく必要があります。

　日本では、性別によって差別をすることが日本国憲法の14条で禁止されています。会社の採用活動や配属、昇進において女性を差別することを禁止する法律（男女雇用機会均等法）などもあります。しかし、いまだに女性が昇進しにくい環境があったり、会社で女性ばかりお茶くみをさせられることがあったり、産休・育休とキャリアアップの両立がしにくい働き方が残っていたりするなど、雇用における課題はまだ残っています。また、女の子だからと進学を止められたり、医学部入試で女子だけ減点されていることが発覚するなど、学業に関する課題もまだまだあるのです。こうした残された課題に取り組んでいく必要があります。この機会に、身の回りのジェンダーバイアス（性別と紐づいた固定観念、28ページ参照）に目を向けてみましょう。

第 3 章

コミュニケーション

と同意

[対等な関係って何？]

私たちを取り巻く さまざまな力関係

性　年齢　宗教　障害　地位　性的指向　人種　ジェンダー　学歴　収入　国籍　文化

自分の社会的な立場と特権を自覚しよう

　社会の中で生きる私たちは、ジェンダー・セクシュアリティ（16ページ参照）・年齢・国籍・人種・学歴・宗教・障害・出身地・家柄・収入・職業など、さまざまな社会的な立場を持っています。そして立場によって特権（努力の成果ではなく、たまたま生まれた社会集団に属することで、自動的に受けられる恩恵のこと*）を得られたり、逆に立場によって差別や抑圧を受けたりする場合もあります。

　もしもあなたが、一人でどこへでも移動できる・学校に通える・成人したら選挙で投票できる・どのトイレに入るべきか悩まずにトイレを利用できる……といったことに当てはまるとしたら、何かしらの特権を持っていると考えられます。もしもどれか一つでも実現

されていなければ、基本的人権が侵され、差別や抑圧を受けているといえます。

　すべての人がさまざまな属性を持っているために、ときとして〈特権を持つ側〉に立ったり、〈持たない側〉に位置づけられたり、という両方の立場を経験します。

　自分の特権を自覚することで、社会に起きている差別の問題を自分ごととして捉えることができます。その特権を使って、差別や抑圧をなくしていくために行動を起こしていくことが重要です。

*出口真紀子「マジョリティの特権を可視化する〜差別を自分ごととしてとらえるために〜」

社会の中の立場は、1対1のつき合いにどう影響するだろう？

・ペアまたは小グループで、右のシナリオを見ながら
　①〜④を話し合ってみよう

① 2人の間ではどのような力関係があるだろう？
　（ヒント：複数あるよ！）
② より力のある立場、力のない立場にいるのはどっ
　ち？
③ 立場の違いがどのように言動に表れているだろう？
④ AとBの間にある力関係は、2人の付き合いにどの
　ような影響を及ぼしていくか、予想してみよう。

A（中学2年生・女性・外国籍・両親は共働き）
B（中学3年生・男性・日本国籍・親シングルマザー）

シナリオ

AとBは部活の後輩と先輩で、最近付き合い始めた。最近2人でいるときに、Bはよくキスを求めてくるようになった。Aはしたくないと思い何度かやんわり断っているが、あまり断り続けるとフラれてしまうのではないかと不安に感じている。

・さまざまな社会的立場が合わさって生まれる複雑な問題

　人種差別、女性差別、障害者差別……社会にはさまざまな差別が存在します。私たちはさまざまな社会的な立場を持っていますが、複数の差別を経験する立場にいるとき、それぞれの社会的な抑圧が複雑に絡み合った困難に直面します。

　例えば、黒人女性は白人女性も黒人男性も体験しない差別を受けることがあります。過去にアメリカでは、黒人女性が差別され就職できない会社がありました。しかし、この会社では白人女性と黒人男性がすでに働いていたため、「女性は差別されていないし、人種差別もない」とされていました。このように重なり合った差別をアメリカの法学者キンバ

リー・クレンショーは「インターセクショナリティ」と呼んでいます。黒人女性が経験する差別は社会から見えにくいことから適切なサポートが受けにくくなっています。

　しかし、複数の差別が絡み合っていると見えにくいからこそ、複数の属性が重なり合ったときに起こる困難に注目をすることが大切です。

Point

● 社会にはさまざまな属性があって、その属性にもとづいて特権が得られたり不利益をこうむったりする

● 社会の立場によって、対等だと思っている相手との間にも力関係が発生することがある

● 人はいくつもの立場を持っているので、複雑に絡み合って特別な差別を受けることもある

09

[相手も自分も大切にするコミュニケーション]

自分も相手も傷つけないために

自分の気持ちも

相手の気持ちも

**両方同じくらい大切な
コミュニケーション**

コミュニケーションの３つのポイント

　誰かとおしゃべりをしているとき、何気ない相手の言葉に傷ついたり、逆に「傷つけちゃったかも……」と不安になったりしたことはありませんか。このような状況を生まないために、相手も自分も大切にするコミュニケーションのコツを知りましょう。

　①相手の気持ちを尊重せずに、自分の気持ちや楽しさを優先するコミュニケーションはNGです。これは、思いもよらずセクハラやいじめとなってしまう可能性もあります。

　②よく「自分がされてイヤなことはしない」と言いますが、これは必ずしも正解ではありません。自分と相手の感じ方は異なるからです。そのため、相手の気持ちを考えたり、素直に考えを聞いたりし、「相手がされてイヤなことはしない」ことが重要です。

　③一方で、相手を思いやるあまり、自分の気持ちを無視してしまうこともよくありません。

　自分の気持ちを素直に伝えて、お互いを尊重しあうコミュニケーションを取ることは、相手も自分も大切にすることにつながります。

Work ☺

相手も自分も大切にするコミュニケーションを考えてみよう

■ 人数：1人〜
■ 時間：15分くらい
■ 必要なもの：紙と筆記用具

①②は三択の中からあなたの行動に近いものを選んでください。
③は「相手も自分も大切にするコミュニケーション」の言葉を書いてください。

①髪の毛を切った次の日、友だちから「髪型なんか変じゃね⁉」と笑いながら言われた。自分では髪型を気に入っているあなたは…
　　1　「は⁉最悪。お前の方が変な髪型だろ」とけんか腰で怒鳴る。
　　2　関係性が壊れるのはイヤなので、「ね〜、ほんと変だよね。失敗したかも」と笑って返す。
　　3　「悪気はないかもしれないけど、そういう風に笑われるのイヤだな。私はこの髪型気に入ってるよ」と伝える。

②好きなテレビを見ているときに友だちからSNSで「部活の相談をしたいからいま電話してもいい？」とメッセージがきた
　　1　仕方なくテレビを消して電話する
　　2　「あと30分待てる？」と返事をする
　　3　ダルいので無視する

③部活の後輩は、真面目にやってはいるがミスが多い。そんな後輩がミスをしたときにあなたがかける言葉は……

・上手な「NO」の言い方・受け止め方

　お互い素直なコミュニケーションが理想ですが、性格的に「イヤだ」と言うことや、相手の「イヤだ」を受け止めることを難しく感じる人もいるでしょう。相手に対してNOと言う側は、まずは相手の気持ちを受け止めた上で、何がどうイヤなのか分かるように伝えるとよいでしょう。ただし、相手が悪意を持っていると感じたり、あなたが深く傷ついたりしたならば、受け止めたり、説明したりする必要はありません。自分のことを大切にすることが一番大事です。NOを受け止める側は、どんな理由があっても相手のNOを尊重してください。そして、そのNOは、あくまでも言動が嫌だということであって、人間そのものに対する否定ではないことを覚えておきましょう。気持ちが落ち着かないときは、NOと言った人を責めるのではなく、信頼できる人にあなたの気持ちを聞いてもらうのもいいかも。

> **Point**
> ● 自分の気持ち優先で、相手を尊重しないコミュニケーションはよくない
> ● 相手の気持ち優先で、自分をないがしろにするコミュニケーションもよくない
> ● 自分と相手、お互いの気持ちを尊重しあうコミュニケーションを心がけよう

雰囲気よりも大切なものって？

このままだまって手をつないだらクールだよな……

ちょっと待って！
相手の気持ち、確認した!?

⚠ 同意はなぜ大切？

ドラマや映画を見ていると、キスやハグをするとき、ムードや雰囲気が大切だというイメージがあるかもしれません。しかし、それよりも大切なことがあります。相手の性的同意を取ることです。

性的同意を取るとは、誰かと性的言動（相手の体に触れるなど）をしようとするときに相手の気持ちを確認することです。性的同意を取る責任は、性的言動を始める側にあります。自分から相手に「●●してもいい？」「イヤじゃない？」と言葉にして聞き、相手の気持ちを言葉で確認することが大切です。これは、相手のバウンダリー（50ページ参照）を尊重するために欠かせないものです。

そんなことをいちいち確認するのはダサいと言う人もいるかもしれませんが、それは相手に対して誠意がない証拠です。付き合っている相手や過去に性的言動をしたことがある相手であっても、毎回同意を取りましょう。性的同意を取ることをおろそかにしてしまうと、思いがけず相手を傷つけてしまいかねません。相手が同意していない性的言動は、性暴力（56ページ参照）になりえます。

どうしたらYES、NOを伝えやすくなるか、自分自身で考えてみたり、普段から相手と確認しあってみたりすることも大切です。また、一度「YES」と言った場合でも、後から気分が変わったら、いつでも撤回ができます。撤回されたら相手の意思を尊重しましょう。また、一度「YES」と言った場合でも、後から気分が変わったら、いつでも撤回できます。撤回されたら相手の意思を尊重しましょう。

Work

一緒に美味しいピザを作ろう！

■ 人数：2人～
■ 時間：10分
■ 必要なもの：特になし
　（紙に自分の考えやグループの意見をまとめてもよい）

やり方

① 2人以上のグループに分かれます。
② 5分間で、「グループのみんなで食べたいピザ」を作ります。ピザのメニュー表から、サイズ、生地、ベース、トッピングをそれぞれみんなで選びましょう。
③ グループ毎に、1「どのようなピザができたか」2「どんな話し合いをしてそのピザを作ったか」を発表してください。

1.サイズ
☐ S
☐ M
☐ L

2.生地
☐ もっちりレギュラー
☐ サクサククリスピー
☐ みみまでチーズロール

3.ベース
☐ トマトソース
☐ ホワイトソース
☐ バジルソース
☐ てりやきソース

4.トッピング
☐ チーズ
☐ ソーセージ
☐ チキン
☐ エビ
☐ オリーブ
☐ ピーマン
☐ パイナップル
☐ ガーリック
☐ パセリ
☐ チリペッパー

> ピザを作るとき、グループのみんなと「何が好きか」や「どれがよいか」を確認し合ったかな？
> そのような確認をとることが、実は性的同意にもすごく大切なんだよ！

・大切な5つのポイント「どういとは」

　性的同意を取る際の大切なポイント5つを「ど」「う」「い」「と」「は」で覚えましょう。

ど　以前OKだった性的言動であっても同意（どうい）は毎回取る

う　「うーん」や無言は同意ではないので、相手の明確な意思を確認する

い　「いやだ」と相手が安心して言える状況で同意を取る

と　OKと言われた性的言動でも、途中（とちゅう）で相手からイヤだと言われたら止める

は　相手が酔っ払ったり眠ったりして判断力（はんだんりょく）がなくなっていないか、確認する

Point

● 性的言動をするとき、相手の意思を明確に確認し、性的同意を取る必要がある
● 性的同意をきちんと取らないと、相手を傷つけてしまうことも！
● 性的同意を取るときは、「ど」「う」「い」「と」「は」を意識しよう

11

[**カミングアウトする自由、しない自由**]

自分の性、いつ、誰に、どう伝える？

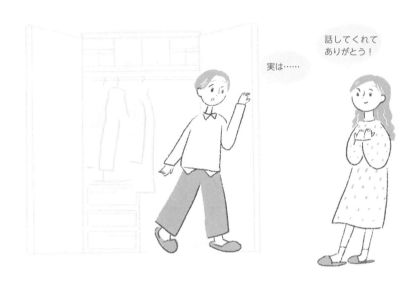

実は……

話してくれて
ありがとう！

自分で決められる

　カミングアウトとは、これまで他の人に共有していなかった自分の性的指向や自認などのアイデンティティを伝えることです。もともとは、性的指向や性自認を隠して生きることを「クローゼットの中にいる」と比喩的に表現することがあります。それらを公表することを、クローゼットから「come out」する（出てくる）行為になぞらえて、カミングアウトと表現するようになりました。

　カミングアウトに正しい方法はありません。いつ、どこで、誰に、何を、どのように話すのか、話さないのかなど、すべて自分で決められます。

　また、カミングアウトするかどうかを考える過程で、怖くなったり、混乱したりするのは自然なことです。「話さない」という選択肢を選んでもまったく問題ありません。

　自分を守るためにも、カミングアウトが社会生活や人間関係に与える影響を知っておくことが必要です。メリット・デメリットを知り、誰に話したいか（知っていてほしいか）を考えてみることから始めましょう。自分のペースで考え、他の人の意見が必要になったら、専門の窓口に相談することもできます。

カミングアウトすることのメリットとデメリット

メリット

- 自分自身に正直になることで自尊心を高めることができる
- 友人や家族と、より親密な関係を築くことができる
- 自分のアイデンティティを隠すストレスが軽減する
- 同じセクシュアリティの人たちとつながりやすくなる
- 自身の経験を語ることでステレオタイプ（社会の偏見）を壊したり、他の人を啓発することができる

デメリット

- 誰もが受け入れてくれるとは限らない
- 家族や友人、クラスメイトなどがショックを受けたり、困惑したり、敵対してしまう可能性がある
- 今までの関係が壊れ、元に戻らないかもしれない
- イヤなことを言われたり、差別を受けたりするかもしれない
- 家族から家を追い出されたり、金銭的な支援を断ち切られてしまう可能性がある
- 1回だけでは説明しきれず、何度も説明を要したり、時間がかかったりすることがある

★ 安心してカミングアウトできる環境でないならば、カミングアウトする必要はありません。

★ うまくいかなくても、自分を責めないで！時間が必要なときもあります。

★ たとえ受け止めてもらえなくても、受け止める側の準備が整っていないことが問題で、あなたは悪くありません。

> 迷った場合、困った場合、助けを求めるこ**が**できます。

【相談窓口】

よりそいホットライン（89ページ）
レインボー・ホットライン　https://proudlife.org/hotline

★ 電話相談（毎月第1月曜日）0120-51-9181
★ LINE相談（毎週月曜日）

Point

- カミングアウトするかしないか、誰にいつ言うのかなどは自分で決められる
- カミングアウトしないという選択もまったく問題ない

12

[アウティング]

カミングアウトされたら
どうすればいいの？

1　噂話として広める

2　身近な人に個人が特定できる形でカミングアウトされたことを相談する

3　自分以外の知人も知っていると思い込む

4　自分の知人へのカミングアウトを強制する

 ## 相手の信頼を裏切らない

　カミングアウト（40ページ参照）されたことを相手の許可なく他の人に話すことをアウティングといいます。アウティングをすると、カミングアウトした人は、周りへの不信感がつのるだけでなく、学校などでのいじめや家族と仲違いを経験し、居場所を失う可能性があります。

　良かれと思って話してしまうケースもありますが、他人のセクシュアリティを相手の許可なく、第三者に伝えることは、プライバシーの侵害や名誉毀損にもあたります。

　友人や周りの人からカミングアウトされたときには、否定せず受け止め、信頼できる人として話してくれたことに対する感謝と理解を示しましょう。そして、けっして本人の許可なく他の人に話さないようにしましょう。カミングアウトを受けた後は、状況を知っていてほしいのか、もしくは何か手助けが必要なのかなどが確認できると相手は安心できるかもしれません。このようにカミングアウトされたときには、受け止め方とその後の対応がとても重要になります。

・アウティングが引き起こした事件

2015年、大学生の男性が、友人からアウティングされた後に校舎から転落死する事件が起こりました。その2カ月ほど前、男性から好意を伝えられていた友人は、男性も含むクラスメイト数人が参加するLINEグループにて「おれもうおまえがゲイであることを隠しておくのムリだ。ごめん」というメッセージを投稿しました。この行為は、男性が同性愛者であることと友人へ好意を持っていることの2つの秘密を、クラスメイトにアウティングしたことになります。秘密を他人に広められたことで男性はうつになり、転落死してしまいました。アウティングは、悪意がなかったとしても、秘密を明らかにされた本人に大きな衝撃や負担をもたらし、ときにひどく傷つけてしまう可能性のある危険な行為であることがわかります。

話してくれてありがとう

私からは別の人には言わないよ

Work ☺
カミングアウトを支えるには？

では、カミングアウトをされた側は具体的にどうすればいいでしょうか。
以下を参考にしてみましょう。

①ありのままに受け止め、肯定する
例：「そうなんだね、話してくれてありがとう」

まずは、自分を信頼して話してくれた相手を尊重しましょう。相手を否定する意図はなくとも、「初めてそういう人を知った」など、未知の存在に出会ったような反応は相手を不安にさせます。相手の言葉をただ受け止め、話を聞きましょう。また、性的指向を伝えられたからと言って、あなたのことを恋愛対象・性的対象とみているとは限りません。

②勝手に誰かに言わないよと伝える
例：「私からは誰にも言わないけど、他にも誰か伝えてる？」

アウティングは絶対にしてはいけません。相手の様子を見て、伝えている範囲を聞いてみましょう。

③困っていることがあるか聞いてみる
例：「何か困っていることはある？」「できることがあったら言ってね」

もしかしたら、あなたにも何か協力できるかもしれません。

Point

● 他人の秘密やセクシュアリティを絶対に本人の許可なく他人に言ってはいけない

● カミングアウトしてくれた相手を尊重する

13

[親しいパートナー間の暴力]
「一心同体」に
ひそむ罠

私達は一心同体。だからお互いのことわかり合ってて当然だし、何も言わなくたって通じ合ってるし、お互いのために生きてるの♡♡
だから別れるなんてありえないよね？

その考え方、危険かも…!?

暴力による支配

　夫婦やカップルのことを「一心同体」、つまり身も心も共有していると表現することがあります。結びつきの強さを感じさせますが、このような恋愛観は、必ずしもよいものであるとはいえません。

　一心同体という考え方から、パートナーは自分のものだという考え方が生まれ、それがさらに過激になると、「相手には何をしてもよい」「いちいち言わないとわからないなんておかしい」という考え方につながることもあるからです。そうなると、相手が自分の思い通りにならないとき、ときには暴力で無理矢理相手を従わせようとすることがあります。

　このような親しい関係間で行われる暴力は、相手の安心や自由などを奪います。暴力とは、殴る蹴るなどの身体的暴力はもちろん、精神的暴力（悪口を言ったり相手を無視したりする）、経済的暴力（デート代を全部払わせたりする）、性的暴力（下着姿を許可なく撮影する、避妊しない）などもすべて当てはまります。

Work
書き換えてみよう

■ 人数：1人〜
■ 時間：15分くらい
■ 必要なもの：紙と筆記用具

暴力や支配につながらない関係性になるように、これらの考え方を書き換えてみよう。

 例

話さなくてもパートナーは私の気持ちをわかって当然

⬇

付き合っていても、ちゃんと話さないとお互いの気持ちはわからない

①自分のことが好きなら、相手は自分に合わせるべき
②浮気してないか心配だから、パートナーのスマホをこっそり見るのは許される
③パートナーなのに、自分と意見が違うなんておかしい
④付き合ってるんだから、キスやセックスを断るなんてあり得ない
⑤愛してるから独占したいのは当たり前。「愛されている」と思って束縛も受け入れるべき

・パートナー間の暴力の特徴

　残念ながら、付き合う人が暴力をふるう人かどうかを100%見極める方法はありません。パートナー間の暴力は、年齢、性別などにかかわらず、誰もが被害者になる可能性があります。こうした暴力を受けたとき、さまざまな理由で被害者が相手と別れづらい、相手から逃げづらいことが多くありますが、それは決して被害者のせいではありません。

　「パートナーの言動はもしかして暴力？」と少しでも疑問に思ったら、自分一人で抱え込まず、信頼できる周りの人や相談窓口に相談してみてください。けっして被害者が原因で暴力行為が起こるわけでも、暴力が正しいことであるわけでもありません。

被害者が暴力から逃げづらい理由

● 相手の暴力は自分に原因があると思ってしまう
● 逃げると何をされるかわからないという恐怖がある
● 心身を支配され、逃げる気力がなくなってしまう
● 相手の言動が暴力にあたるかどうか自信が持てない
● いつか暴力をやめてくれると相手を信じてしまう

など

Point

● 親しい関係間の暴力は、相手を自分の所有物だと捉える価値観から生まれることがある
● このような暴力は、さまざまな形で行われ、相手の安心や自由を奪うものである
● パートナーからの暴力は、逃げづらいという特徴がある。思いあたることがあれば、悩まず相談を！

14

[セルフ・コンパッション]

自分を大切にする ってどういうこと？

> 自分を宝物のように
> 扱うこと

> 優しく、粗末にせず、
> 好きなことや嫌いな
> こと、自分の気持ち
> を尊重すること

> 大切な相手に接する
> ように、自分に接し
> よう

他人と比べない

テストの点数が悪かった、体育の授業で失敗した、クラスメイトや親、先生との人間関係がうまくいかない……。そんなとき、あなたはどのような気持ちになるでしょうか。相手や自分自身を責めたり、もしくは一人では解決できない問題にムカついたり、不安になったりすることは誰にとっても当たり前の感情です。

では、友だちが落ち込んでいたりイライラしていたら、どのような気持ちになるでしょうか。おそらく、もう少し寛容になったり、理解しようとしたり、励ましたりするのではないでしょうか。

このような態度を自分自身に向けることを、セルフ・コンパッション（自分への思いやり）といいます。自分と他人を比べず、自分自身をそのまま受け入れることで、嫉妬や怒りに支配されにくくなります。失敗したときも、その中で自分が頑張ったことや得られた教訓など、よい側面に目を向けることで、次のステップへのモチベーションが高まります。

Work ☺/☺☺

手紙を書いてみよう！

右のどれかの状況にある大切な人（家族や友人など誰でもOK）に対して、どのように声をかけるだろうか。日頃の感謝も込めて、相手を思いやる手紙を書いてみよう！

※相手の名前は書かないでね！

■ 人数：1人もしくはペア（2人）
■ 時間：15分くらい
■ 必要なもの：紙とペン

シチュエーション

① 頑張って勉強して受けたテストの結果が悪かった
② 人前で発表するときに失敗した
③ 挑戦していることがうまくいかない
  （例：スポーツや音楽、芸術等 なんでもOK）

書き終わった手紙を、改めて読み直してみよう！
自分がこのような状況に陥ったときにも同じように自分自身を思いやることが、セルフ・コンパッションのポイントです！

・今まで楽しかったことが楽しくない？

　私たちは、失敗したり友人と喧嘩してしまったりしたとき、もしくはなんの理由もないときでも落ち込んでしまうことがあります。

・気分が落ち込んで、やる気が起きない
・前までは好きだった趣味や遊びが楽しく感じられない
・夜に眠れない、もしくは寝すぎてしまう

　このような症状が1週間以上続くときは要注意です。あなたの心が落ち込みに飲み込まれてしまいそうになっているかもしれません。担任の先生や保健室の先生、家族、カウンセラーなど信頼できる大人に相談してください。

Point

● 思い通りにいかないとき、悲しい気持ちを無視したり、自分や他人を責めたりしないで、自分自身を思いやり、ありのままを受け入れよう

● 気分が落ち込んだ状態が一週間以上続くようなら、信頼できる大人や友人、家族に相談しよう

先住民族や外国ルーツの人への差別

「さまざまな社会的立場が合わさって生まれる複雑な問題」（35ページ参照）では、黒人女性に対する差別は、黒人差別でも女性差別でもなく、人種と性別の要素が絡み合った特有のものだと学びました。日本国内でも、人種や民族ルーツを背景とした差別が日常的に起きています。国内の先住民族にルーツを持つ人、外国にルーツを持つ人、外国籍の人、特定技能実習生や難民などに対して、教育、就業、政治参加などさまざまな場面での権利や自由の制限、時には生命を奪う、脅かすなど深刻な差別や暴力が行われてきました。公的機関だけでなく、会社や一般の住民によるものもあり、どれも大きな問題です。歴史や現状への認識を深め、差別をなくす取り組みを進める必要があります。

■在日コリアン（朝鮮半島にルーツを持つ人）へのヘイトスピーチ

1910年に日本が朝鮮半島を併合してから第二次世界大戦の戦後にかけて、仕事、強制連行、徴用などによって大勢の人が朝鮮半島から日本に渡ってきました。1923年の関東大震災では、「朝鮮人が井戸に毒を入れた」「放火した」などとデマが流れ、これに反応した近隣住民が自警団を組織し、推計6000人にも及ぶ朝鮮人を虐殺しました。毎年都知事がこの虐殺に対する追悼文を送っていますが、現都知事は送ることをやめてしまいました。また、高校無償化の際に朝鮮学校を対象外とするなど、制度上の差別も行われています。こうした公の機関による差別は、在日コリアンへのヘイトスピーチ（ルーツを理由にして侮辱したり追い出そうとしたりする差別的な言葉がけ）の激化にも影響しています。ヘイトスピーチを禁止する法律や条例が定められ、ヘイトデモに抗議するカウンターデモも行われていますが、今もヘイトスピーチや歴史的事実に対するデマや中傷は続いています。

■アイヌ民族の土地に対する権利「先住権」の侵害

現在の北海道にあたる地域には古くからアイヌ民族が暮らしていましたが、明治時代には政府がアイヌの人が暮らす土地を日本の土地として、土地や自然資源に対する固有の権利（先住権）を奪ってしまいました。アイヌの墓から勝手に遺骨を持ち出し、研究の対象にするなど尊厳を踏みにじる学者さえ現れました。現在にいたっても持ち出された遺骨は、一部しか返還されていません。多くのアイヌの人々の努力で、「アイヌの人々の誇りが尊重される社会を実現するための施策の推進に関する法律」（2019年施行、略称「アイヌ新法」）ができた今でも、先住権は認められていません。多くの日本人がアイヌ民族の歴史を知り、その負の歴史の責任を取る認識を深め、先住権を広く実現していく必要があるのではないでしょうか。

第４章

バウンダリー

15

[バウンダリーと性的自己決定権]
自分と他人の見えない境界線

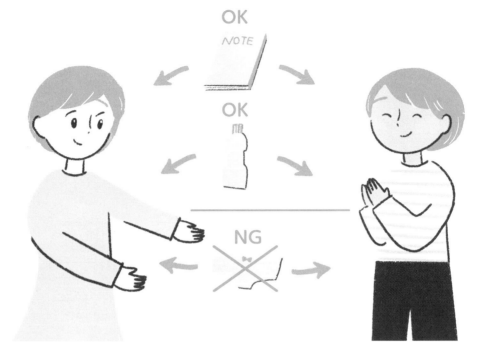

物の貸し借り、どこまでOK?

 バウンダリー

　自分と周りの人との間にある目に見えない境界線をバウンダリーといいます。あなたが大丈夫だと思うことと、これはイヤだなと感じることの間にある境界線のことで、これは自分で決めるものです。

　例えば、クラスメイトとノートの貸し借りは抵抗がなくても、下着の貸し借りはできないかも。人が飲んだペットボトルで回し飲みするのは好きじゃないと思うかもしれません。

　また、相手が誰かによってこの境界線が動くこともあります。友達に抱きつかれるのは

いいけれど、親戚のおばさんに抱きつかれてなんとなくイヤな気持ちになったり、家族はいいけれどあんまり仲よくない人の顔が近くにあると怖くなったりすることも、バウンダリーが関係しています。

　自分のカバンの中やスマホを勝手に見られるのがイヤだとすれば、それは、あなたのバウンダリーが守られていないからです。こうした「いいこと」と「イヤなこと」の境界線は性格や年齢によっても変わってきます。

・自分のバウンダリーについて考えよう

　下の5種類のバウンダリーをそれぞれ問題なし・相手によっては許せる・誰でも許せないに分けて考えてみよう。

性のバウンダリー

体のバウンダリー
暴力
Punch!

気持ち・考え方

持ち物

時間・空間
zzz

水着で隠れるところ＝
プライベートゾーン

①体の境界線の例
・朝会ったときに背中を叩かれる
・頭をなでられる
・握手をする、手をつなぐ、腕を組む、肩を組む
・抱きつかれる
・ほっぺたを突かれる、触られる

②性の境界線の例
・着替えを見られる
・キスされる
・下着を脱がされる
・添い寝をする
・セックスをする

③気持ちや考え方の境界線の例
・頭ごなしに何かを言われる
・無理に何かをさせられる
・大切にしていることや人を否定される
・なんでも勝手に決められる
・意見を言えない雰囲気を作られる

④持ち物の境界線の例
・スマホを見られる
・カバンの中を見られる
・自分の服を勝手に着られる
・勝手に物を捨てられる

⑤空間の境界線の例
・自分の部屋に勝手に入ってこられる
・常に一緒に行動する

性の境界線とあなたの権利

　頭から足の先まで、あなたの体はあなたのものです。誰もあなたの体を好きにすることはできません。特にプライベートな部分（水着で隠れる部分）はたとえ家族や親しい人であっても、あなたの許可なく見たり触ったりすることはバウンダリーの侵害にあたります。性に関して、誰と、いつ、どのようにかかわりを持つかを自分で決めることができる権利のことを「性的自己決定権」といいます。体や気持ちのバウンダリーと併せて、自分の性のバウンダリーを確認しましょう。

Point

● 自分のバウンダリーを知って、大切にしよう
● あなたのバウンダリーはどんなときでも尊重されるべき
● 誰もが性的自己決定権を持っている

16 安心安全な関係を築くカギ

⚠ お互いがハッピーな関係を作ろう

　友人同士、恋人、先輩後輩…私たちはさまざまな関係に囲まれています。どうすればお互いが心地よい関係を築けるのでしょうか？

　前のページで学んだ通り、誰もがバウンダリーという目に見えない境界線を持っており、この境界線は人によって異なります。そして、バウンダリーはどんな関係性においても守られる必要があります。

　お互いが心地よい状態でいるためには、コミュニケーションが重要です。まずは、自分と他人は違うことを理解し、相手に耳を傾けます。「自分は平気だから相手も大丈夫だろう」と決めつけずに確認をしましょう。ここ

ではお互いの「心地がよい」「心地が悪い」という気持ちを尊重することが大切です。「これをしても大丈夫?」と声をかけたり、「あなたはどうしたい?」「○○についてどう思う?」など、聞いてみましょう。また、「嫌ならいつでも言ってね」と伝えるなど、相手がNOを伝えやすい環境を作ることも大切です。「NO」と言われると、悲しかったり、腹が立つかもしれません。

　でも、NOという意思表示はあなたへの攻撃や拒絶ではなく、よりよい関係を築くためのコミュニケーションでもあります（37ページ参照）。

 **Work** 😊😊

「これはOK」「これはダメ」は人それぞれ違う！

■（3～4人のグループ）
あなたの場合、「とても当てはまる」「どちらかというと当てはまる」「まったく当てはまらない」の
どれかを話し合ってみよう。

①他人の前でも恋人とは手をつなぎたい

②SNSで連絡がきたら、ゆっくり返事を考えたいから後で返信したい

③親しい友だちでもハグされるのは苦手

④一緒に過ごすのは好きだけど、部活の後は一人の時間がほしい

お互いの回答を比べてみよう。自分とは異なる回答はあったかな？お互いのバウンダリーを尊重するために何ができるか話し合ってみよう。

・バウンダリーの違い

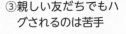

バウンダリーは家族間や友人間、恋人間、文化、世代によっても異なります。少し前までは当たり前に行われていたコミュニケーションや、関係性によっては当然とされる行動も、人にとってはイヤだと感じることがあるかもしれません。例えば、会社の上司から部下へのスキンシップ、または、恋人だから・友人だから手をつないで当たり前といった考え方は現在では見直されてきています。

あなたを大切にするには、自分のバウンダリーを守る必要があります。あなたが少しでも嫌だと感じた時には、声に出してNOという意思表示ができるのが良いですが、難しい場合は信頼できる人に相談してください。

Point

● 自分と相手、お互いのバウンダリーを尊重しよう

● 自分がしたいことを相手もしたいと決めつけず、相手の意思を確認しよう

● 「イヤならいつでも言ってね」とNOと言いやすい雰囲気や環境を作ろう

世界に広がる性と生殖に関する健康と権利（SRHR）

column 4

　SRHRとは、英語のSexual and Reproductive Health and Rights（セクシュアル・アンド・リプロダクティブ・ヘルス・アンド・ライツ）の略称で、日本語では、「性と生殖に関する健康と権利」と訳されます。SRHRは、自分の体と性に関して自分で決められるという権利で、その決定は周りの人や社会に強制されるべきではないことがうたわれています。

　しかし、日本を含む世界各国ではその権利が侵害されている現状があります。例えば、アメリカでは、2022年6月24日に、連邦最高裁判所が「中絶は憲法で認められた女性の権利だ」とする1973年の判断を覆しました。これによって、アメリカの50州のうち14州（2024年1月現在）で中絶が禁止されました。中絶が禁止されていない州に移動して中絶することも可能ですが、それをできるのは経済的に余裕のある人に限られます。

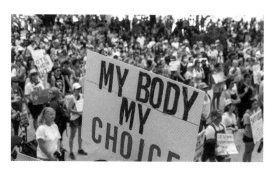

アメリカ・テキサス州。SRHRのスローガンの一つ「My Body My Choice（私の体、私の選択）」というプラカード。2022年6月24日の連邦最高裁判所の中絶を認めない判断に抗議する参加者たち。
https://www.teenvogue.com/story/abortion-laws-united-states

　日本でも、SRHRは国や法律によって制限されています。日本の法律では、中絶するには配偶者の同意を必要とされるため、たとえ女性が中絶を望んでも、婚姻関係にある相手に同意を拒まれたら、妊娠を継続し、出産をせざるを得ないことになっています。また、2023年4月に手術を伴わず中絶することができる経口中絶薬が承認されましたが、取り扱いは一部の産婦人科に限られていますし、いまだに妊娠を阻止できる緊急避妊薬や生理痛の軽減や避妊に効果的とされる低用量ピルは原則として医師からの処方が必要で、一部を除いて保険適用外です。

　SRHRの問題の観点から言えば、どのような社会的・経済的立場の人であれ、それぞれに産まない・産む権利があること、安全な中絶へのアクセスができること、妊娠や出産後に必要なケア（学校や仕事を続けたり、復帰したりするためのサポートなど）が保障されていることなど、個々人の選択が尊重されるように、社会の大きな問題として考えられるべきです。

第 5 章

性と暴力

[**性暴力って何だろう？**]

遊び…？誰かをイヤな気持ちにさせていたとしたら

洋服を引っ張る　めくる

性的な画像や動画を見せる

忘れないで、相手の気持ちを確認しよう！

　性暴力とは、相手の望まない・同意のない性的言動（10ページ参照）のことです。例えば、誰かを性的な発言やジェスチャーで傷つけたり、性的な噂をインターネット上で広めたりする行為は性暴力にあたります。また、急にズボンを下ろしたり、スカートをめくったり、無理やり性的な動画や画像を見せることも含みます。盗撮や痴かん、（付き合っていても）相手の同意を確認せず性行為をすることや避妊具を使わないことなども性暴力です。

　自分が楽しく、よかれと思ってやっていることが性暴力かもしれません。どこからが性暴力か考えるとき、「自分がされてイヤなこと」ではなく、「相手がどのように感じているのか」が大切です。相手はイヤな気持ちでもイヤだと言えないかもしれないし、どう断ったらいいのかわからないかもしれません。どんなに親しい友だちや付き合っている人でも、性的言動をする前は、その都度「相手がどう思っているのか」を確認する必要があります（38ページ参照）。

Work ☺/☺☺/☺☺

どれが性暴力でしょうか？

①付き合っている人から無理矢理キスされた

②付き合っている人に無理矢理セックスされた

③友だちの家に遊びに行ったら体を触られた

④電車で見知らぬ人に痴かんされた

⑤友だちに体についてイヤなことを言われた

⑥SNSに性的なメッセージを書かれた

答え：すべて

性暴力被害は、性別、性的指向、年齢、服装などにかかわらず起きています！

・被害者は100％悪くない

　性被害にあったとき、「あのとき、あそこにいたから……」「断れなかったから……」と自分を責めてしまうかもしれませんが、被害にあった責任は、あなたにはいっさいありません。被害者の服装や言動が性被害の原因だとするような考えは間違っています。

　このように被害者を責めるような発言を被害者非難といいます。このような発言は、さらに被害者を傷つけるだけではなく、より周りに助けを求めにくい状況にしてしまいます。

Point

● 性暴力は、相手の望まない・同意のない性的言動

● 自分が大丈夫だと思っていても、性的言動の前に、「相手がどう思っているのか」その都度確認する必要がある

● 性被害にあった人は100％悪くない！その人に責任があるような発言はやめましょう

18

[被害にあったら]

何ができる？
どうしたらいい？

　性暴力被害*にあったら、ショックを受け、どうしたらいいのかわからないかもしれません。心身への影響や周りの人が知ったらどう思うかなど、さまざまなことが心配かもしれません。一番に伝えたいのは、被害にあったあなたはいっさい悪くないということです。自分を責めないでください。

　被害にあったときには、身近な人以外にも病院・警察・性犯罪・性暴力被害者のためのワンストップ支援センターなどに相談することができます（89ページ参照）。しかし、被害にあったことを打ち明けることが苦痛だったり、打ち明けることで二次被害を受けたりする可能性もあります。これは相手の性暴力に対する理解が足りていないことが問題で、あなたはけっして悪くありません。もしあな

たが相談先で辛い思いをしたときには、相談先を変えたり、信頼できる大人に同席してもらったりすることができます。自分の性的指向や法律上の性別などを相手に伝えなければいけない場合もあります。そんな時には、「自分がどうしたいか」「誰に話したいか」「どのような助けが必要か」を大切に自分の取る行動を選んでみてください。

＊性暴力被害とは、同意のない性的言動による被害を意味します。いわゆるレイプだけではなく、盗撮や痴かん、無理やり性的な映像を送るように言われる・見させられる、性的な発言をされる、体を触られる、性行為をされるなどです。（56・57ページ参照）

• 性暴力被害にあったときの対応例

■安全を確保する

　まず、心身の安全を確保してください。できるだけ加害者から離れ、落ち着ける場所を見つけましょう。状況によっては、周りの人に助けを求めたり、警察の性犯罪被害相談電話（#8103）やワンストップ支援センター（#8891）に連絡したりしてください。

　ワンストップ支援センターは各都道府県にあり、無料で相談に乗り、あなたが必要としている支援を一緒に考え、サポートしてくれます。

■サポートしてくれる人を見つける

　被害を打ち明けるのは難しいかもしれませんが、できるだけ一人で抱え込まないでください。例えば、友だちや家族に話す、サポートグループを見つける、カウンセリングに通うなどの選択肢があります。Curetimeは毎日17時〜21時まで無料・匿名でSNSやメールで専門家に相談することができます。
＊日本語・英語・中国語・韓国語など10カ国語に対応。

■証拠を残す

　できれば、性暴力にあった証拠を残しておくことをおすすめします。その証拠は、被害を訴えるときや支援を求めるときに役に立ちます。例えば、スマホで写真を撮る、被害にあった状況や加害者の特徴をメモに書いておく、病院での検査が済むまでシャワーを浴びないでおく、被害時に着ていた服や下着は洗わないで、それぞれビニール袋に入れておく、などです。

■病院に行く

　早めに医師に見てもらうことで、適切な治療を受けられます。妊娠が不安なときは、72時間以内に緊急避妊薬（アフターピル）を飲めば、高い確率で防ぐことができます。性感染症にかかる可能性もありますが、早めに検査を受けて治療することで、治したり進行を遅らせたりすることができます。精神科や心療内科ではカウンセリングを受けることもできます。

■警察に相談する

　加害者を訴えたいときは警察に連絡する選択肢もあります。警察に行くことで、加害者を訴えるときに重要な証拠となるDNA検査ができたり、緊急避妊薬や性感染症の検査費用を支援してもらえたりします。自分の負担を減らすために、ワンストップ支援センターの職員や友人、家族などに同伴してもらうこともできます。

・被害の影響

　性暴力被害にあうと、心身にさまざまな変化が生じます。「被害をまた受けている感じがする」「思うように体が動かない」「被害前後のことをよく思い出せない」など感じるかもしれませんが、これらは自然な反応です。

　被害の影響は人それぞれで、被害直後に症状が現れる人もいれば、何年も立ってから突然現れることもあります。いったん落ち着いていたのに、何かがきっかけで被害の記憶がよみがえることもあり、これをフラッシュバックといいます。

■被害の影響例

怒りや悲しみを感じる

勉強や部活動に
集中できない

外出するのが怖い

吐き気、腹痛、頭痛、
めまいがする

周りとの関係が
悪化する

食べ過ぎる／
食欲がでない

起きられない／
眠れない

心臓がドキドキする

一人になるのが怖い

・専門家によるケア

　眠れない、フラッシュバックするなど日常生活に支障があれば、精神科や心療内科など心の専門家に相談しましょう。被害の影響が長期間続いているなら、トラウマケアのカウンセリングや心理療法が回復に役立つかもしれません。

・回復のためにできること

専門家に相談する以外に、回復するために自分でできることをいくつかご紹介します。無理せず、自分が安心できることをやってみてください。

深呼吸をする

お風呂に入る

お気に入りの音楽を聴いたりする

運動する

アロマを使うなど、リラックスできることをする

無理せずゆっくり休む

好きなものを食べる

たくさん寝る

信頼できる人と話す

■参考資料

・THYME『【最重要知識】もしも性暴力被害に遭ったら。直後にする対応・支援情報まとめ』
　http://thyme.buzz/sexualviolence_rescue/

・男女共同参画局『性犯罪・性暴力とは』
　https://www.gender.go.jp/policy/no_violence/seibouryoku/index.html

---

Point

● 被害にあったのはあなたのせいではない

● 被害にあったときは一人で抱えず、できるだけ信頼できる人や専門機関を頼ろう

● 被害の影響は人それぞれで、回復のために自分でできることもある

[身近な人が被害にあったら]

何ができる？
何をやってはいけない？

被害にあった人を支えるための「はなさき」

は：「はなしてくれてありがとう」と伝える

な：「何かできることがあるか」尋ねる

さ：サポートし続ける

き：相手の感情を否定せず、話を聞く

被害を相談されたらどうする？

身近な人が被害にあったとき、ショックでどうしたらいいかわからないかもしれません。まずは、その人と自分自身の安全を確保してください。落ち着くために、まずは深呼吸をすることもいいかもしれません。

次に、「話してくれてありがとう」「何かできることはある？」と伝えてください。被害にあった人は、「私のせいで」と自分を責めてしまうこともあります。「あなたは悪くない」「私は信じる」と声をかけ続けることも大切です。一方で、「どうして逃げなかったの」「どうしてイヤだと伝えなかったの」など、

「どうして」という質問の投げかけは、被害にあった人を追いつめてしまいます。さらに被害者を苦しめ、周りに相談しにくい状況にさせてしまうので、注意してください。

また、被害の話を聞いていると、あなた自身も傷つくことがあるかもしれません。そんなときは、自分一人で解決しようとせず、周りの大人や専門家・相談機関に助けを求めることもできます。ただし、第三者を頼るときは、必ずその前に被害を相談してくれた人の意思を確認しましょう。

Work ☺
私たちにできること・やってはいけないこと　※答えは右下

被害を相談されたとき、私たちにできることはどれでしょうか、下から選んでください。

①被害者が話すときは、丁寧に耳を傾ける	②「被害を克服すべき」と言う	③「話してくれてありがとう」と伝える
④「あなたを信じる」と伝える	⑤「どうしてそんなに夜遅く出かけたの?」と聞く	⑥被害者に確認しないで、勝手に他の人に相談する
⑦被害者が苦しそうなのに、そのときの状況を根掘り葉掘り聞く	⑧被害者の気持ちを尊重する	⑨「断れなかったあなたも悪い」と言う
⑩自分ができることを伝える	⑪被害者の気持ちがわかったふりをする	⑫「何かできることがあるか」と聞く

ワークの答え：①③④⑧⑩⑫

Point

● 被害を相談されたら、まずは相手の話を聞こう

● 相手の感情、行動を否定しない

● 被害の話を聞くのがしんどくなったら、周りの人に頼ろう。そのときは必ず相談してくれた人に確認を!

20 相手を傷つけて しまったらどうする？

 相手の気持ちに寄り添った行動をしよう

　誰もが同意のないことをしてしまったり、他の人にもされたりすることがあります。それがわざとでないこともありますし、害がないこともあります。しかし、同意のない行為が相手を傷つけてしまうこともあります。そういった時、あなたはどのような行動ができるでしょうか？

　あなたがもし誰かを傷つけてしまったことに気づいたら、相手を尊重してするべきこと・してはいけないことを考え、行動に移しましょう。もしあなたが誰かに「人を傷つけてしまった」と相談された時には、このページを紹介してあげてください。

できること

相手がどうしてほしいかを聞いて、尊重する。

例えば…
- 相手があなたから離れて落ち着いたり、じっくり考えたりする時間を作る。
- SNSでメッセージをやり取りする方法や第三者を交えて直接話したいなどと言われたら、相手の安心できるやり方に合わせる。
- 自分の行為が間違っていたことを認め、謝罪する。
  謝罪する場合は、今後二度としないと伝える。

してはいけないこと

相手の気持ちを無視して、自分のことだけを考えて行動する。

例えば…
- 無理に話をしようとする。一方的に謝罪文を送る。
- 「ノリが悪いな」「繊細だな」など、相手を責める。
- あなたの過ちを認めず、「傷つけたならごめん」など、傷ついた相手が悪いかのような謝り方をする。
- 言い訳をして、相手に許してもらおうとする。
- 「自分も傷ついた」と相手に慰めてもらおうとする。

Work

この謝り方、どこがダメ？

仲良しのAさんとBさん。お互い「好きなのかも？」と意識しています。放課後、二人きりの時に、Aさんが Bさんにキスをしようとします。Bさんは嫌そうな顔をして、「やめて！」と言い、走って家に帰りました。

 昨日のことを謝りたいんだけど…

ごめん、その話はもう聞きたくない！

 本当にごめんね。正直、お互い好きだと思っていて、大丈夫だと思ったんだ。君に拒否されて、自分も傷ついたんだ…またこれからも仲良くしてくれるよね？

Q この会話のどこがよくないのでしょうか。左ページを参考に考えてみましょう。

ヒント：言い訳になっていないかな？　改善しようとしている気持ちは伝わる？

_____

_____

_____

_____

あなたができそうなことにチェックをしよう！

☐ 今後どうしてほしいか相手に聞く
☐ 相手に今は話したくないと言われたら、「また話ができそうなら教えて欲しい」と伝える
☐ 相手に話をしたいと言われたら、謝罪する内容を考えておく。

答え
× 相手の気持ちを無視して、無理に謝罪をする。
× 「大丈夫だと思った」と言い訳をする。
× 自分も傷ついていると訴える。
× もう一度仲良くしてくれるように求める。

Point

● 相手を傷つけてしまったら、自分の過ちを受け止めよう

● 相手の気持ちを一番に優先した対処をしよう

● 謝る場合は、相手の意志を尊重して自分のための謝罪にならないようにしよう

21 性暴力を防ぐために、みんなでできること

5つのD

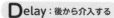

Direct：直接介入する

Distract：注意をそらす

Delegate：第三者に助けを求める

Document：証拠を残す

Delay：後から介入する

(!) すべての人に当事者意識を

　もし、クラスメートが痴かんにあっている現場を見たらどうしたらよいでしょうか？　また、体についてからかわれている人を見かけたらどうしたらよいでしょうか？　面倒なことに巻き込まれたくない、勇気がでない、何かしたいけど何をすればよいかわからない。そんな気持ちから、問題に関わることをためらってしまうかもしれません。

　近年の研究によると、性暴力を防ぐには、被害者に注意するように呼びかけるより、被害の現場にいる周りの人たち（第三者）の意識を変えて、介入できるようにするほうが効果が高いことが明らかになっています＊。

　あなたも、性暴力が起きていたり、起こりそうなとき、それを防いだり、止めたりすることができます。これを「第三者介入」と呼び、具体的には上のイラストのような5つの方法があります。これらはアメリカの市民団体 Green Dot と Right To Be によって提唱されました。英語圏の大学では、第三者介入のトレーニングを学生と教職員に実施しているところもあります。

＊イギリス政府 (Public of Health) (2016) A review of evidence for bystander intervention to prevent sexual and domestic violence in universities

Work 😊😊/😊😊

もし、あなたがこの場にいたらどうする？
第三者介入の方法を考えてみよう。具体的に何ができるだろう？

休み時間、クラスメートが数人で集まり、他のクラスメートの見た目をランクづけしているのが聞こえる。話題にあがっているクラスメートにはその会話が聞こえているようで、とても居心地の悪そうな顔をしている。ランクづけをしている人の中には、あなたの仲のよい友だちもあまりしゃべったことのない人もいる。

■人数：ペア（2人）または小グループ
■時間：20～30分（最初の5分間は自分で考える。次の5分で近くの人と話し合う。残り10分で他のグループと話し合ったことを共有する。）
■必要なもの：特になし。考えたことを紙に書いてもOK。

• 安全第一！　助ける前に確認しよう

　第三者介入をするときは、あなたも被害に巻き込まれないように、安全を確保をすることが大切です。身の危険を感じたら直接の介入は避け、安全な場所に逃げて助けを求めたり、安全な場所から証拠を残したりしましょう。

　また、一人で解決する必要はありません。周りの人と協力して介入したり、信頼できる人に介入をお願いしたりしましょう。自分の安全を優先して、その時できる介入方法を選びましょう。

リスクの低いDを選ぶ

複数で介入

> ### Point
> ● 性暴力が起きていたり、起こりそうなとき、「第三者」にもできることがある
> ● 介入する方法は一つじゃない。5つのDを覚えておこう
> ● 介入するときは、まずはあなたの安全が第一！

「同意のない性行為は犯罪」が法律に

column 5

　日本では2023年6月に、性犯罪に関する刑法が大幅に改正されました。以前の法律は、罪が成立するための要件が厳しいことから無罪判決が相次ぎ、性被害者が声をあげにくい、泣き寝入りするしかない状況が多くありました。法改正に対する声が高まる中、性に関する意識を変えようと、大学生を中心に「性的同意」の啓発活動も行われてきました。刑法改正の審議には、当事者やその支援者の声を踏まえて検討が進められました。

「あなたらしく大学生活を送るための方法〜セクシュアル・コンセント・ハンドブック」一般社団法人ちゃぶ台返し女子アクション【制作】(2018)

　今回の改正で、同意のない性行為は犯罪であることが明確化されました。以前とは異なり、暴行や脅迫を受けていなくても、恐怖で体が動かず抵抗できない等の場合も同意のない性交等として罪に問われる等、性暴力の実態を考慮した内容に変更されています。

　さらに、「性交同意年齢（性行為への同意を自分で判断できるとみなされる年齢）」の13歳以上から16歳以上への引き上げ*や、性犯罪として対象の行為をペニスのみならず手指や物の挿入に拡大する、不同意の要件があげられるなど、より被害者の立場に立った改正となりました。

＊5歳差要件：行為者が相手より5歳以上年上だと、相手が13歳以上16歳未満の場合、同意がなかったとみなされ処罰行為となります。年齢差が5歳未満であれば、同意のある性的行為は処罰対象にはなりません。

▽　「不同意性交等罪」の構成要件となる8つの行為
1　暴行または脅迫を用いる
2　心身に障害を生じさせる
3　アルコールまたは薬物を摂取させる
4　睡眠その他の意識が明瞭でない状態にする
5　拒絶するいとまを与えない
6　予想と異なる事態に直面させて恐怖させる、もしくは驚愕させる　※いわゆる「フリーズ」状態
7　虐待に起因する心理的反応を生じさせる
8　経済的または社会的関係上の地位に基づく影響力によって受ける不利益を憂慮させる

法務省「性犯罪関係の法改正等Q&A」を改変

　過去20年間、イギリス、ドイツ、台湾、韓国などでも、被害者の声を反映した法改正が行われています。スウェーデンでは、「YES以外は全てNO」という考え方が重視され、明確な同意を確認することが求められています。法改正にとどまらず、年齢に合わせた包括的な性教育の実施も、性を取り巻く社会の認識に変化を起こしているといえます。法改正が、日本の社会に「性的同意」の重要性を社会に浸透させていくきっかけとなることを願います。

第 6 章

正しい性の
知識と法律

22

[正しい性の知識を得るには]
セックスについて知りたいとき

性に関するよくある勘違い

いい雰囲気だったから押し倒してキス

NO!

コンドームを着けなくても、
射精しなかったら妊娠しない？

射精しないなら避妊できるよ

そうなの…？

NO!

セックス中、相手がイヤだと言っても気持ちよくなるもの

本当はいいんでしょ

いやぁ

NO!

＊この思い込みは、ポルノの影響が大きい

モテる人を目指して服装や性格を変えるべき？

恋人いないと変？
努力したほうがいいのかな

NO!

恋愛漫画はフィクションです

　みなさんは、キスやセックスについてどこで知りましたか？もっと詳しく知りたいと思ったとき、どのように情報を集めるでしょうか。

　調査では、「セックス」や「性交」について、若者の31％が友だち、18％が漫画、10％が雑誌、そして9％がアダルトサイトから知ったとされています（ピルコン：「性教育についてのアンケート」）。インターネットには、いわゆるポルノやAVなどの性的なサイトがあります。これらの動画には、たまたま行きつくこともありますし、自分から探すこともあります。セックスなどについて興味を持つことは、けっして間違ったことではありません。しかし、これらには誤った情報が含まれることもあります。例えば、家に行ったこと＝セックスに同意したとか、性器は大きい方がいいとかです。ポルノは映画や漫画と同じ作りものです。間違った情報に従って行動すると、自分も相手も傷つける可能性があります。

　性に関することは、信頼できる情報から学び、お互いを尊重した行為をとることが大切です。

・信頼できる情報は、ここにある！

何が信頼できる情報で、何が間違った情報か、どうすればわかるのでしょうか。性について正しい知識を得たいときには以下の2つを必ず確認しましょう。

①発信源を確認しよう！

誰がその情報を発信しているのか必ず確認しましょう。性に関する情報に関しては、「性教育」を広める活動をしている団体や、医師が発信する情報などは信頼できることが多いです（80～82、92ページも参考にしてください）。反対に、情報源の不明なまとめサイトやSNSの投稿にある情報には個人の主観や間違ったものが多くあります。

②複数のソースを調べてチェックしよう！

ある情報を目にしたときには、別の本にも同じように説明されているかを確認したり、周りの信頼できる人に聞いてみたりして、本当にその情報を信頼してもよいか慎重に確かめましょう。

・インターネットの安全な使い方

インターネットは人と連絡をとったり、ゲームをしたり、動画を見るのにとても便利です。しかし、多くの人が使っているため、悪用する人もいます。

例えば、あなたが載せた写真に写る制服や場所から学校や名前などのプライバシー情報を特定したり、急に性的な写真を送ってきたりするなどです。なので、インターネットに何かをあげるときは注意しましょう。

もし、ネット上で誰かに不快な気持ちにさせられたら、親や先生、相談窓口（88ページ参照）など信頼できる人に相談しましょう。こうした状況は決して恥ずかしいことではありません。

Point

● SNSやインターネットから得られる性に関する情報は、正しくないものも多い

● 自分と周りを大切にするため、性に関する正しい情報を身につける必要がある

● 信頼できる情報に安心してアクセスできるよう、情報を見極める力をつけよう

[LGBTと法律]

23 すべての人に結婚の自由を！

⚠ 結婚できないことによるさまざまな不利益

日本では、法律上の異性同士であれば、近い親族同士などを除き、自由に好きな相手と結婚することができます。しかし、同性同士の結婚は想定されていません。憲法24条には、「婚姻とは両性の合意のみに基づいて成立し…」と書かれています。両性の合意という記述について、憲法は同性婚を禁止していないという学説が一般的ですが、現在の法律では異性同士の結婚しか認められていません。

結婚しているカップルには、例えば、自分たちの子どもの法律上の親になる権利や相手の遺産を相続する権利など、さまざまな法律上の権利や利益が与えられます。しかし、結婚することができない同性カップルはこれらの権利を得ることができません。また、異性カップルとは違って結婚できないということが同性カップルを「普通ではない」というメッセージを生み出し、社会的な偏見や差別を助長しているともいえます。

2024年現在、世界では36の国・地域が同性婚を認めています。日本はいつこれらの国に続くのでしょうか。

Work 😊/😊😊/😊😊😊
パートナーシップ制度クイズ

【Q】1　制度はどこが作っている？
（　）国が作った制度　（　）自治体が作った制度

【Q】2　どのくらいの自治体が制度を導入している？（2023年時点）
（　）約100自治体　（　）約300自治体以上

【Q】3　制度では何が認められる？
（　）パートナーの生命保険金の受け取り
（　）遺言状無しで遺産を相続する権利
（　）家族として公営住宅へ入居する
（　）携帯電話の家族割
（　）パートナーが外国籍の場合、日本で暮らすための配偶者ビザをもらう権利
（　）クレジットカードの家族カード作成
（　）パートナーの子どもの法律上の親となる権利

＊ただし、認められることであっても、保険会社や不動産会社、携帯電話会社などの裁量によることがあります。

> 答え：Q1 自治体が作った制度　Q2 約300自治体以上　Q3 パートナーの生命保険金の受け取り、家族として公営住宅へ入居する、携帯電話の家族割、クレジットカードの家族カード作成

・広がり出したパートナーシップ制度

　日本でも、2015年に渋谷区が初めてパートナーシップ条例を制定して以来、2024年1月現在全国386の自治体でパートナーシップ制度が導入されました（Marriage For All Japan「日本のパートナーシップ制度」）。カップルが制度に登録すると、その関係性が「婚姻に相当する関係」と自治体に承認されます。これによって、例えばパートナーが入院した際に、病院で付き添いの家族として扱ってほしいと説明しやすくなります。

　しかし、この制度を利用しても、パートナーが産んだ子どもの法律上の親になること、遺言状無しで遺産を相続することなど、法律上の権利や利益は保障されません。パートナーシップ制度は国内における同性カップルの権利保障を一歩進めるものといえますが、結婚とは違うため、同性婚の実現が必要です。

パートナーシップ制度とは

Point

● 日本では同性婚が未だ認められていないことによって、同性カップルがさまざまな不利益を被っている
● パートナーシップ制度は同性カップルの権利保障の前進だが、結婚とは違う

24 法は平等じゃない？

 ## 価値観のアップデートが必要！

　「法の下の平等」という言葉があるように、法はジェンダーに基づく差別や権利侵害を禁止、性差別のない社会を作る一つの役割を担っています。例えば、1999年には「男女共同参画社会基本法」の制定によって、今まで性別を理由に就職できなかった女性たちも正社員として採用されるようになりました。

　しかし、今もジェンダーバイアス（28ページ参照）を含む法律がそのまま残っていることがあります。LGBTQ＋の人々への差別を禁止する法律も存在していません。また、弁護士や裁判官がバイアスに影響を受けることもあります。

　このように、司法においていまだにジェンダーバイアスが存在することによって、罪を犯した人が適切に裁かれなかったり、特定の人々が差別などから十分に守られなかったりする問題があります。また、法律や、裁判の内容や結果が、社会のバイアスを強化してしまうということもあります。

・司法に軽視されてきた暴力

　2001年にDV防止法（配偶者からの暴力の防止及び被害者の保護等に関する法律）が作られ、配偶者（結婚相手）等からの暴力が「犯罪となる行為をも含む重大な人権侵害」であると定められましたが、この法律ができるまで、法律や司法は家庭内の暴力を問題視してきませんでした。

　例えば、かつては、妻が夫からの暴力を訴えても、弁護士や裁判官によって被害が軽視され、加害者である夫が裁かれないといったことがよくありました。ここには右のイラストのようなさまざまなジェンダーバイアスの影響があります。

男性は少しくらい暴力的な性質があるから

騒ぐほどのことじゃないかも？

どうせ妻にも原因はある

夫を怒らせたあなたも悪いのでは？

男性は外で働いて家族を養ってるから……

夫も一生懸命でストレスがたまっていたんですよ

・弁護士の8割は男性？

　日本では、司法に関わる裁判官や検察官、弁護士などは、約8割が男性です。そのため、司法においてマジョリティ（多数派）である男性の価値観が強く反映されたり、産休や育休が取りにくいなど女性が働きにくい状況があったりします（28〜31ページ参照）。司法における平等を実現するには、女性やマイノリティなど、多様な専門家を採用し、さまざまな意見が代表・反映されること、そして、誰もが働きやすい環境を作ることが大切です。

　また、司法に関わる人たちに、ジェンダーやセクシュアリティに関する研修を行うことも重要です。

司法分野における女性の割合

裁判官　23.7%（2021年12月時点）

検察官　25.8%（2022年3月時点）

弁護士　19.6%（2022年9月時点）

司法試験を受ける人の比率はおよそ男7：女3（2020年）です

男女共同参画局
「男女共同参画白書 令和5年版」

Point

● 法律や司法は、私たちをジェンダーバイアスによる差別や権利侵害から守る役割を担っている

● 法律や司法はさまざまなバイアスの影響を受けていることがある

● バイアス解消のためには、女性や性的マイノリティの専門家を増やすことや専門家にジェンダーについての研修を行うことが大切

[規則・法律は変えられる]

25 社会のルールを決めるのは誰？

⚠ よいルールの条件

　私たちの周りにはさまざまな決まりごとが存在します。例えば、中学校は3年間通う、他人の物を盗んではいけないなどです。これらの決まりは最初からあったわけではなく、すべて人間の手によって作られたものです。

　そして、作られたルールはずっと変わらないわけではなく、その時代を生きる人々の考えや社会の状況に合わせて変えられてきました。

　国の法律でも部活の規則でも、よいルールには条件があります。目的の実現に対して適切な手段であるか。誰がいつ読んでも同じ解釈ができるか。どんな人にも公平に適用されるか。また、ルールを作る手続きが公平であることも重要です。私たちの生活に関わるルールを作る過程に私たち自身が参加し、意見や考えを反映できることが大切です。

　問題に対して声をあげても、聞いてもらえない、限られた人の声しか聞かれないなど、難しい状況になることが多いです。ルールをよくするには、より力や資源のある人が声を聞くことや声をあげられる場所を作ることも必要です。

Work 😊😊/😊😊

学校のルールについて考えてみよう

2～3人のグループになって話し合ってみよう。みんなが気になっている学校のルール（校則）を一つ選んでみよう。その校則について、以下の質問について話し合ってみよう：

①そのルールは何のためにあるの？

②そのルールは誰が決めたの？

③ルールのよい点と問題点は何？

④ルールをよりよくするためには何を改善できるだろう？

複数グループがある場合は、お互い話し合ったことを共有しよう

制服・身だしなみ
成績のつけ方
時間割
部活動のやり方
休み時間の過ごし方
学校行事

・私たちの意見を聞いて！

多くの中学・高等学校で着用されている制服ですが、私服通学の場合を除き、ほとんどの学校では、男性はスラックスで、女性はスカートと校則で決まっていました。しかし、最近では、学生たちが声をあげたことをきっかけに、性別に関係なく何を着るか選べるように、校則も変わってきました。

例えば、山口県宇部市の市立藤山中学校では、2021年に校則を見直す生徒総会で、学生が「制服を変えたい」と提案をしたことで、2022年から制服が上着はブレザータイプで統一され、性別に関わりなく、ネクタイかリボン、また、スラックスかスカートを選べるようになりました。

しかし、性別に関係なく制服を選べるようになっても、「ジェンダーレス制服」や「LGBTQ+の人々への配慮」など、「特別な人のため」のような印象を強調することで、その制服を着たくても着られない、という状況を作ってしまいます。校則が変わった後の学校の教員をはじめとする周りの大人の対応も重要です。

©カンコー学生工学研究所

Point

● 法律・規則などの社会のルールは当たり前ではなく人間によって決められたもの

● 問題の当事者が自分たちに関わるルールを作る過程に参加することが大切

● 身近なルール（校則など）に疑問を持ち、声をあげることで、よりよい学校や社会を作ることができる

26

［ この社会をよりよくするために ］
世界を変えていける のは、私たちだ！

日本で女性が参政権を獲得するまで

社会運動　　　　　　　　　　　　　　　現代

おかしくない？

大切なことが
男性の力だけ
で決まる

世界中で女性の参政権を求めた運動
が展開される。写真は、イギリスの
参政権を求めて闘ったサフラジェット
たち。

日本では、1924年に女性
の参政権を求めて、婦人
参政権獲得期成同盟が結
成される。

1945年に初めて女性に
参政権が認められ、翌年
の選挙では39名の女性代
議士が誕生。

⬡! 私たちの社会は、完璧ではない

この社会では、すべての人の人権がしっか
りと守られているでしょうか？日本では、今
もさまざまな制度や「女性は、男性はこうあ
るべき」という固定概念のせいで女性や性的
マイノリティなど、特定の人たちの人権が十
分に保障されていません。

こうした状況に対して、女性や性的マイノ
リティ、人種・民族的マイノリティは、歴史
的に声をあげて、社会変化を起こしてきまし
た。私たちが社会問題に対して声をあげ続け
てきたからこそ、より多くの人にとって生き
やすく、人権が守られた社会になってきたの
です。

「社会を変えるには何をすればいいのか」
わからないと思うかもしれません。でも、方
法はいろいろあります。たとえば、自分たち
の要望を国や自治体の議会に訴えるための署
名や、自分たちの意思を社会に表明するデモ
への参加もその一つです。また、気になる問
題について友だちと話し合うことにも大きな
意味があります。

さらに、この本を作成した一般社団法人
ちゃぶ台返し女子アクションが活用している
コミュニティ・オーガナイジングなど、私た
ちが社会を変えようとするときに使える方法
もあります。社会を変えたい私たちをサポー
トしてくれる仲間や機会、方法はたくさんあ
るので、まずはそれを見つけることから始め
てみましょう。

Work ☺/☺☺
まずは「変えたい」を見つけよう！

> 　私たちの身の回りで、おかしいなと思うこと、誰かの人権が尊重されていないと感じることを考えてみよう。

■人数：1人→ペア（2人）でシェア
■時間：10分
■必要なもの：なし

・「声をあげる」って、何をすればいいの？

　高校生や大学生などが中心となって活動している「日本若者協議会」では、通学中に痴かんの被害にあっても我慢している学生が多いことを問題とし、性犯罪に遭遇した場合の対処法を学ぶ機会がほしいなど、政府にさらなる痴かんの対策を求める署名活動を実施し、提出しました。

　これを受け、ジェンダー平等について考える『内閣府男女共同参画局』という政府の機関は、痴かん撲滅を目指して警視庁と国土交通省などとともに対策を進める「痴漢撲滅パッケージ」を作ることを2022年6月に約束しました。

Point

● 私たちが声をあげることで、社会は変えられる！

● 社会を変えたい人のための機会や、コミュニティ・オーガナイジングのような社会を変えるための方法論が存在する

おすすめの書籍や作品

　性に関する本はたくさんあります。さらに詳しく知りたい人へ向けて、関連作品をここに紹介します。これらの作品には、性暴力や差別のシーンがふくまれることがあります。気分が悪くなったら、いつでも作品を閉じてください。

初めて学ぶ人へおすすめの入門書

『イラストで学ぶジェンダーのはなし みんなと自分を理解するためのガイドブック』アイリス・ゴットリーブ(イラスト/文)、野中モモ訳、フィルムアート社(2021年)

『女の子だから、男の子だからをなくす本』ユン・ウンジュ著、イ・ヘジョン絵、ソ・ハンソル監修、すんみ訳、エトセトラブックス(2021年)

『はじめて学ぶLGBT 基礎からトレンドまで』石田仁著、ナツメ社(2019年)

『ひとりひとりの「性」を大切にする社会へ』遠藤まめた著、新日本出版社(2020年)

『国際化の時代に生きるためのQ&A【全5巻】』マイケル・ローゼン著、アンネマリー・ヤング著、小島亜佳莉訳、ほか、創元社(2018年)

『マンガでわかるLGBTQ＋』パレットーク著、ケイカ(マンガ)、講談社(2021年)

性に関するコミュニケーション

『世界中の女子が読んだ！からだと性の教科書』エレン・ストッケン・ダール、ニナ・ブロックマン著、高橋幸子(医療監修)、池田 真紀子訳、NHK出版(2019年)

『RESPECT 男の子が知っておきたいセックスのすべて』インティ・シャベス・ペレス著、みっつん訳、重見大介(医療監修)、現代書館(2021年)

『子どもを守る言葉「同意」って何？』レイチェル・ブライアン著、中井はるの、集英社(2020年)

『10代で知っておきたい「同意」の話 YES、NOを自分で決める12のヒント』ジャスティン・ハンコック著、ヒューシャ・マクアリー(イラスト)、芹澤恵、高里ひろ訳、河出書房新社(2022年)

多様な性について知る

『わたし、恋人が2人います。』
きのコ著、WAVE
出版 (2018年)

『青い花』(全8巻)
志村貴子著、太田出
版 (2005年〜2013
年)

『Xジェンダーって
何?』LabelX編著、
緑風出版 (2016年)

『見えない性的指向
アセクシュアルのすべて
誰にも性的魅力を感じ
ない私たちについて』
ジュリー・ソンドラ・
デッカー著、上田勢子
訳、明石書店 (2019年)

『しまなみ誰そ彼』
(全4巻)
鎌谷悠希著、小学
館 (2015年〜2018
年)

『ノンバイナリー
がわかる本 he でも
she でもない、
they たちのこと』
エリス・ヤング著、
上田勢子訳、明石
書店 (2022年)

トランスジェンダーについて知る

『トランスジェン
ダーの私がボクサー
になるまで』
トーマス・ページ・
マクビー著、小林玲
子訳、毎日新聞出版
(2019年)

『歴史のなかの異
性装 (アジア遊学
210)』服藤早苗・
新實五穂編、勉誠
出版 (2017年)

『オレは絶対にワタ
シじゃない トラ
ンスジェンダー逆
襲の記』
遠藤まめた著、はる
か書房 (2018年)

『フィリックスエ
ヴァーアフター』
ケイセン・カレン
ダー著、武居ちひ
ろ訳、オークラ出
版 (2023年)

『ボーイズ・ラン・
ザ・ライオット』
(全4巻)
学慶人著、講談社
(2020年〜2021
年)

『放浪息子』(全15巻)
志村貴子著、
KADOKAWA
(2003年〜2013年)

『トランスジェンダー
問題』ショーン・フェ
イ著、高井ゆと里訳、
明石書店 (2022年)

差別について理解を深める

『10代から知って
おきたい あなた
を閉じこめる「ずる
い言葉」』
森山至貴著、WAVE
出版 (2020年)

『「ハーフ」ってなん
だろう?あなたと考
えたいイメージと現
実』
下地ローレンス
吉孝著、平凡社
(2021年)

『差別はたいてい悪
意のない人がする
見えない排除に気
づくための10章』
キム・ジヘ著、尹
怡景訳、大月書店
(2021年)

『あいつゲイだって
アウティングはな
ぜ問題なのか?』
松岡宗嗣著、柏書
房 (2021年)

まずはこれから！おすすめのドラマ・映画

- セックス・エデュケーション
- glee ／グリー
- ハーフ・オブ・イット：面白いのはこれから
- HEART STOPPER ／ハートストッパー
- ベビー・シッターズ・クラブ
- ユニークライフ

LGBTQ＋関連の作品

- POSE ／ポーズ
- ファースト・デイ わたしはハナ！
- キャロル
- ザ・プロム
- チョコレートドーナツ
- アレックス・ストレンジラブ

性暴力・人種差別を描いた作品

- モキシー　〜私たちのムーブメント〜
- 13の理由
- アンビリーバブル　たった１つの真実
- Marvel ジェシカ・ジョーンズ
- 親愛なる白人様
- ボクらを見る目

実話をもとにした作品

- ビリーブ　未来への大逆転
- 未来を花束にして
- ドリーム
- コレット
- セルフメイドウーマン〜マダム・C.J.ウォーカーの場合〜
- ハンナ・アーレント

ドキュメンタリー

- フェミニストからのメッセージ
- レボリューション—米国議会に挑んだ女性たち—
- ジェンダー・マリアージュ
- ピリオド −羽ばたく女性たち
- Disclosure　トランスジェンダーとハリウッド：過去、現在、そして
- リトル・ガール

YouTube

- 「Consent – it's simple as tea（日本語版）」ハートネット72
- 「【性のギモンに答える】AMAZEとは？（日本語字幕）【ピルコン】」ピルコン | NPO PILCON
- 「性教育チャンネル始めました！"なんでお風呂場なのか"—の回」SHELLYのお風呂場
- 「高校生バイセクシュアルの学校での悩み事！」かずえちゃん
- 「こっそり付き合ってる同性カップルの末路 #enshVLOG」瀬戸マサキ
- 「【感謝】トランスジェンダーのリアルが完成しました！私の人生を読み上げる！」じゅんじゅんの日常

番外編 フェミニズム関連のおすすめ

- Vogue Japan【VOGUEと学ぶフェミニズム】シリーズ vol.1-19
  https://www.vogue.co.jp/change/article/feminism-lesson-vol1
- ＊この記事は、書籍にまとめられています。『フェミニズムってなんですか?』清水晶子著、文藝春秋（2022）

参考文献一覧

4ページ　東京新聞「都議の教員批判　波紋　中学校の性教育『不適切』　専門家『不当介入』萎縮を懸念　文教委で名指し」2018年4月5日（朝刊）

18ページ　釜野さおり、石田仁、岩本健良、小山泰代、千年よしみ、平森大規、藤井ひろみ、布施香奈、山内昌和、吉仲崇『大阪市民の働き方と暮らしの多様性と共生にかんするアンケート報告書（単純集計結果）』2019年、JSPS科研費16H03709「性的指向と性自認の人口学ー日本における研究基盤の構築」・「働き方と暮らしの多様性と共生」研究チーム（代表 釜野さおり）編 国立社会保障・人口問題研究所 内

19ページ　ヒューライツ大阪「LGBTIの人の権利に関する『ジョグジャカルタ原則』10年ぶりに更新（2017年11月）」https://www.hurights.or.jp/archives/newsinbrief-ja/section4/2017/12/lgbti10201711.html
最終閲覧日：2024年1月27日

22ページ　ライフネット生命保険株式会社「宝塚大学看護学部日高教授　第3回LGBTQ当事者の意識調査（ライフネット生命委託調査）」2023年
https://www.lifenet-seimei.co.jp/shared/pdf/202311-21-news.pdf

23ページ　松岡宗嗣「だれもが職場で加害者にも被害者にもなりうる「SOGIハラ」とは？厚労省「パワハラ防止指針」を採択」2019年
https://news.yahoo.co.jp/expert/articles/747a246274699c613d6ebdd1ec184ddb6ee81b00
最終閲覧日：2024年1月29日

28ページ　公益社団法人ガールスカウト日本連盟「女子高校生が感じるジェンダーバイアス「ジェンダー」に関する女子高校生調査報告書」2019年
https://www.girlscout.or.jp/activities/project/research/pdf/gsj_genderrep2019_200220.pdf

28ページ　厚生労働省「令和4年度雇用均等基本調査」https://www.mhlw.go.jp/toukei/list/71-r04.html
最終閲覧日：2024年1月26日

30ページ　男女共同参画局「男女共同参画白書　令和2年版」https://www.gender.go.jp/about_danjo/whitepaper/r02/zentai/index.html
最終閲覧日：2024年1月26日

34ページ　ひろげよう人権「出口　真紀子：マジョリティの特権を可視化する〜差別を自分ごととしてとらえるために〜」2020年
https://www.jinken-net.com/close-up/20200701_1908.html
最終閲覧日：2024年1月26日

35ページ　キンバレー・クレンショー「インターセクショナリティの緊急性」2016年
https://www.ted.com/talks/kimberle_crenshaw_the_urgency_of_intersectionality/transcript
最終閲覧日：2024年1月29日

48ページ　北大開示文書研究会「北大開示文書研究会の資料室」
http://www.kaijiken.sakura.ne.jp/archives/archives.html
最終閲覧日：2024年1月29日

68ページ　法務省「性犯罪関係の法改正等Q＆A」
https://www.moj.go.jp/keiji1/keiji12_00200.html

70ページ　ピルコン「性教育についてのアンケート」https://pilcon.org/wp-content/uploads/2015/04/23c43e5126ebd8b39dde532afc9431ea.pdf
最終閲覧日：2024年1月26日

73ページ　Marriage for All「日本のパートナーシップ制度」https://www.marriageforall.jp/marriage-equality/japan/
最終閲覧日：2024年1月26日

75ページ　男女共同参画局「男女共同参画白書　令和5年版」https://www.gender.go.jp/about_danjo/whitepaper/r05/zentai/index.html

77ページ　朝日新聞「(ThinkGender) 性差のない制服、導入　宇部・藤山中、生徒たちが提案／山口県」2021年12月15日（朝刊）

性的指向および性自認を理由とするわたしたちが社会で直面する困難のリスト(第3版)

子ども・教育

【学校での生活】

学校で「男のくせに」「気持ち悪い」「ホモ」「おかま」「レズ」などと侮蔑的な言葉を投げかけられ、自尊感情が深く傷つけられた。

小学校の教室内で、ホモやオカマという言葉が日常的に笑いの対象になっており、自分のセクシュアリティがバレたら生きていけないと思った。

学校で仕草が女みたいだと言われ、仕草をまねされたり、笑いのネタにされた。

同級生から「おまえは男らしさが足りない」といわれ、女物の下着をはかされた上で写真を撮られた。

学校への登校途中、「女みたいな色を着るな」と言われ、着ていたきれいな色の上着を奪い取られ、破り捨てられた。

書いていた日記を勝手に読まれた上、同性の友達に恋愛感情をもっていたことをからかわれ、同性の友達との仲を裂かれた。

外見や仕草から性的指向や性自認が非典型であることが推測され、学校で奇異の目にさらされ、不登校になった。

学校の同級生に、セクシュアリティを含む個人情報をSNSでアウティングされた。その結果、学校で持ち物を壊される、けがを負わされる等のいじめに遭った。着替えも教室の外、給食も食べないなど、強い孤立状態に陥った。

性別への違和感について、教員や同級生が笑いのネタにしたため、その場の空気で一緒に笑わざるを得なかった。

自分の性別に違和感があることを教員に相談したところ、「そんな風だと堅気の仕事につけないぞ」とたしなめられた。

性的指向について、教員や同級生がおかしいものと話したり、「うちの学校にはいない」と言われ、何も言い返すことができなかった。

同性愛者であることを明らかにして学校生活を送っていたところ、一部の同級生によって学級会の議題にされ、クラス全員の前で「話し方がオカマっぽくて気色悪い」等の批判を受けた。教員からも「本人は治そうと頑張っているんだから応援しよう」という逆に人格を否定するフォローを入れられ、自尊感情を深く傷つけられた。

同性の友達にラブレターを出したところ、相手の親が学校に通報したため、教員に呼び出されて咎められた。

同級生から性的指向や性自認に関するいじめを受けていたところ、教員からも「お前が悪い」と言われた。

いじめの被害について先生に相談しても、「お前が悪い、何かあれば退学だ」等と言われ、授業に関することも教えてくれなくなった。先生が怖くなり、部活も休みがちで、評価も下げられるのではないかと不安を感じた。

性的指向や性自認に基づく差別やいじめから誰も救ってくれなかったため、学校内の活動から孤立し、学習を継続することが困難となった。

中学校でいじめに遭ったとき、真剣に向き合って手を差し伸べてくれる人や相談場所が見つからなかった。先生には「卒業証書は渡すから学校に来なくていい」と言われた。

レズビアンかどうか悩んでいたとき、臨床心理士の資格を持ち開業していたスクールカウンセラーから「異性との性行為をしてみればその良さがわかるよ」と言われた。専門職の人が言った言葉はとても重く、「同性が好きな自分は気の迷いなのか」と思ってしまった。長く感じていた思いを否定されたように思い、その後、学校を休学せざるを得なかった。

学校や教科書で多様な性に関して適切な情報を得られず、相談できる場所もなかった。インターネット上で情報を探しても不正確なものばかりで、「誰かにバレたら生きていけない」「大人になれない」と思った。

学校で自分の性自認や性的指向について誰にも話すことができず、メンタルヘルスが悪化し、自死に追い込まれた。

学校で性的指向や性自認に伴う悩みを相談しようと思っても、相談できる場所がなく、支援が受けられなかった。メンタルヘルスが悪化したり、自殺未遂に追い込まれた。

学校において、性的指向や性自認について相談したい子どもが支援を受ける機関や居場所がなく、スクールカウンセラーにも知識がないため、誰にも相談できなかった。

宿泊行事、健康診断、身体測定など、身体の露出がある場面において、性的指向や性自認による困難を抱えている子どもの想定・配慮がされておらず、身体を見る見られることへの不快感など、苦痛を感じた。

体育の授業などで過度な身体の接触を強制され、不快に感じることがあった。

学籍簿の性別や氏名が、戸籍や住民票にもとづいて記載されているため、別人と疑われたり、性同一性障害であることが周囲に知られ、同級生などから仲間はずれにされた。

合唱コンクールで男声パートを歌うことにどうしても抵抗があり、教員に掛け合ったが、女性音域が出るのにも関わらず、「低音を練習してください」と言われ、性自認に従った合唱への参加が認められなかった。

どの部活に入るか迷っていたところ、男性であることだけを理由に、教員から柔道部に無理矢理入部させられた。

女子として生活するために髪を伸ばしていたところ、学校の教員から坊主刈りにすることを強要され、学校で坊主刈りにされた。

学校行事において男女で色分けしたり、役割を決めていたりするため、自分が望まない色をあてがわれ、好まない役割を担わされた。

男女で分けた授業や種目、体育祭、部活動において、性自認と戸籍性の不一致のために自分のやりたいことを選択できなかった。

学校の制服や体操服などが戸籍上の性別で分けられたため、苦痛を感じ、不登校となった。

他の人に身体を見られる心配や、他の人の身体が目に入る罪悪感から、学校の更衣室やトイレが使いづらかった。

学生証に性別欄があるため、見た目の性別と違うとして、別人と疑われたり、性同一性障害であることが周囲に知られた。

高校に女子生徒として入学したが（戸籍上の性は男性）、学校から「マイナンバーの提出がなければ就学支援金制度が受けられない」と言われた。生活保護のケースワーカーや保健師に話しても状況は改善せず、希死念慮が生じた。

学生寮が戸籍上の男女でわかれていたため、入寮できなかった。

学校で使う教科書に性的指向や性自認に対する配慮がなく、自尊感情が深く傷ついた。

学校で性的指向や性自認などのセクシュアリティについて適切な指導を受けることができなかった。

子どもが情報を探せる公共図書館などに性的指向や性自認について書かれている資料や教材が不足しており、あったとしても、司書や職員に差別や偏見があることを心配して借りる事ができなかった。

学校のパソコンルームや図書館のパソコンのフィルタリングサービスが不適切なため、性的指向や性自認に関する困難へ対応する支援団体や相談窓口の情報へアクセスできなかった。

高校を卒業して社会に出たが、同性との性行為での性感染症についての予防方法などは高校で習わなかった。その後、HIVに感染した。また、検査が無料だということも知らなかったので、発見も遅れた。

学校の性教育の授業で、同性間の性的な接触について扱われなかったため、性感染症の予防について正しい知識を受けることができなかった。

性の多様性をふまえない現在の性教育では典型的な異性間の性行為しか想定しておらず、コンドームは避妊具のみとしてしか扱われず、HIV・性感染症予防のために必要な情報を得ることができなかった。

異性間の避妊ではなく、感染症予防に関する性教育を受ける機会は、生徒の質問があれば先生が答える個別対応になっているが、受け身の対応では不十分だと感じた。

学校の教員を含めて、身近にカミングアウトしている大人がいなかったため、自分のロールモデル（役割モデル）が見つけられなかった。

学校教育としてのキャリア教育に性的指向や性自認の多様性が想定されていないため、児童・生徒・学生にとってロールモデルを見つけられなかった。

卒業証明・卒業見込証明書や成績証明書に性別欄があるため、見た目の性別と違うとして、性同一性障害であることが就職活動先に知られ、採用面接で不快な質問をされ、不採用となった。

戸籍の性別を変更したが、学校が発行する証明書等が元の性別のままであったため、性同一性障害であることが就職活動先に知られたり、採用面接で不快な質問をされたり、採用試験で落とされたりした。

医療施設や福祉施設での実習の際に、学校から実習先に説明や配慮の依頼がないために、更衣室や名札などの使用で苦痛を覚えたり、実習先の職員や患者・施設利用者から不快な言動をされた。

トランスジェンダーの学生が教職員を目指す際に、自認の性別での教育実習の受け入れがなされなかった。

トランスジェンダーの学生が実習を必要とする職業を目指したが、自認の性別での実習の受け入れがなされなかったので、その職業をあきらめざるを得なかった。

性的指向や性自認について発達段階別に伝えるためのカリキュラムと教材・指導案がないため、教員が児童・生徒・学生に対して適切な指導をすることができなかった。

学校で性的指向や性自認によって困難を抱える児童・生徒・学生に対応する必要に迫られたが、現場にそのような子どもへの対応を記載したマニュアル・ガイドブック等がなく、適切・迅速な処遇ができなかったり、処遇を行うことやその内容について教員・職員・他の保護者などから十分な理解を得られなかった。

学校で性的指向や性自認に関する問題に取り組もうとしたが、文部科学省や教育委員会から適切な指導や支援が得られなかった。

教員が性的指向や性自認に関する問題について学校で扱ったところ、保護者や教育行政の職員、他の教員などから否定的な意見が寄せられ、処分を受けた。また、それに伴い、児童・生徒・学生は適切な授業を受けることができなかった。

思春期の子どもへの支援体制の整備（学校と支援団体の交流など）が足りないために、「性別違和を感じて子どもが悩んでいる」「不登校になった」と親や教員が相談しても、解決策がわからず、子どもへのアプローチ法もわからなかった。

大学で、パワハラ・アカハラに関しては教職員向けの研修（SOGIやSOGIハラにも言及）が行われ、既に防止ガイドラインを作成、相談窓口も設置済みであったのに、性的指向・性自認に関するハラスメントについてはガイドラインに追加するなどの検討がなされなかったので、当事者の教員が検討すべきと申し出たが大学は対応しようとしなかった。

保護者のカウンセリングを行っていたところ、後日その保護者から「カウンセラーが、ややオネエっぽいのだが、子どもに影響しては困る」という苦情を受けた。それだけでも十分にハラスメントであるが、カウンセラーが「普通の人」かどうかをわざわざ、教育委員会が確認しに来て、「普通の人で良かったです」と言われた。

【家庭・施設等での生活】

幼少期に、自分のセクシュアリティなどに関して養育者からの虐待（通学させてもらえない、邪魔者あつかいされる等）を受けた。また、それを止めてくれる大人がいなかった。その結果、PTSDとなって治療が必要となった。

自認する性に従った行動を家族が許してくれず、「女っぽいぞ」と父から叩かれたり、「もっと男らしくしなさい」と母から怒鳴られるなど、虐待を受けた。

親にカミングアウトしたところ、無理矢理ポルノビデオを見せられたり、性風俗のお店へ連れていかれたりした。

親から「一時の気の迷いだから精神科へ行け」「同性愛は治療できる」といわれ、病院に強制的に入院させられた。

好きな子がいるが、同性で告白できず学校に行けなくなった。周囲にカミングアウトをしていないため、事情のわからない家族から心療内科の受診を勧められた。医師に相談しても仕方がないので本当のことが言えず苦しい。

好きな同性の子がいることが親にばれたため、「学校に行くな」と軟禁された上、勝手に転校を決められた。

部屋に置いていたゲイ雑誌が親に見つかり、家を追い出され、ホームレスとなった。

カミングアウトをしたところ、家族の中で自分の存在を無視をされたり、死んだ者として扱われたりした。

性的指向や性自認について正確な知識を持っていない親にカミングアウトしたところ、暴力をふるわれるようになり、家庭が崩壊した。

家族の中で「異性愛以外は認めない」「不自然」「気持ち悪い」「うちの家族にはいない」などの差別的発言が繰り返されたため、メンタルヘルスを悪化させてしまった。

ゲイであることを親に告白したところ、親から「ゲイの息子なんていらない」「お前なんか死んだほうがましだ」「いやらしい！きもちわるい」と言われた。

テレビ番組に出演しているオネエタレントをみて、親が「生まれてくる子がゲイなら中絶する」「うちの家族にはいなくてよかった」と言われ、傷ついた。

親にカミングアウトしたところ、好きでもない相手と勝手に結婚話を進められ、結婚を強要された。

自分の性自認や性的指向について家族から理解が得られなかったため、家から追い出され、ホームレスとなった。

生活している地域において、子どもが性的指向や性自認について相談したり、支援を受ける期間や居場所がなく、誰にも相談できなかった。

性的指向や性自認に関する困難を抱える人の人権に関する講演会のチラシを持ち帰ったところ、親が「同性愛について教えるな」と学校に抗議した。

保育園、こども園、幼稚園、児童館、学童保育、児童養護施設の職員に性的指向や性自認に関する知識や意識がなく、養成課程や研修においても、性的指向や性自認に困難を抱える子どもへの対応研修などの取り組みがないため、適切な対応が受けられなかった。

性自認に関する親の虐待について誰かに言いたいが、保護される児童養護施設では戸籍等の性に従った生活をしなければならないのではと不安になり、誰にも相談できなかった。

児童養護施設で「トランスジェンダー児童が暮らせる空間はない」と入所を断られ、家庭に戻された。

児童養護施設で、自認する性（女性）とは異なる男子部屋に入れられた。男子だけの集団生活の中では「女の子っぽい」という理由でいじめに遭うことが多かった。

児童養護施設でスカートを履きたかったが、先生は「社会では受け入れてくれないぞ」と許してくれなかった。

相談先窓口

　困ったときやどうしていいかわからないときなど、家族や学校の先生以外に悩みを話せるところがあります。自分の中だけに押し込めないで、誰かに相談してみてください。友人関係や体のこと、こわくなったことや不安になったことなど、どんなことでも大丈夫です。

　このページで紹介する窓口の大人たちも、あなたを守るために動いてくれます。

どこに相談したらいいかわからない？

質問に答えると、適切な相談先を紹介してくれる警察庁のサイトがあります。

こんにちは

ぼくの 名前は きくまる

きみの 悩みをきいて ぴったりの相談窓口を ご案内するよ

困ったことがあったら ぼくに 話を きかせてね

もちろん 秘密は守るから 安心してね

今日は 誰のことで 相談しにきてくれたの？

> 自分のこと　　親(保護者など)のこと　　子供のこと　　きょうだいのこと
>
> 友達や知り合いのこと　　先生や教授のこと

このQRコードからサイトに飛べます。

◇電話　▼LINE　★チャット　△24時間対応

相談窓口一覧

連絡先	管轄	電話番号・URL	概要
24時間子どもSOSダイヤル 24時間対応、夜間・休日も休みなし	文部科学省	0120-0-78310	子どもたちからの電話相談は夜間・休日を含めて24時間対応可能です。 なお、都道府県及び指定都市教育委員会により、児童相談所・警察・いのちの電話協会・臨床心理士会等、さまざまな相談機関と連携協力しています。
チャイルドライン 毎日16:00〜21:00、12/29〜1/3はお休み		0120-99-7777 https://childline.or.jp/	18歳までの子どものための相談先です。抱えている思いを誰かに話すコトで、少しでも楽になるよう、気持ちを受け止めます。あなたの思いを大切にしながら、どうしたらいいかを一緒に考えていきます。お説教や命令、意見の押し付けはしません。 チャットでも相談できます。
児童相談所虐待対応ダイヤル 各窓口の受付時間と同じ 通話料無料 24時間、365日対応	こども家庭庁	＃189	地域の児童相談所へ性的虐待他、子どもへの虐待に関する通報もしくは相談ができます。発信すると、管轄の児童相談所に繋がります。

連絡先	管轄	電話番号・URL	概　要
こどもの人権110番 平日8:30〜17:15	法務省	0120-007-110 ウェブサイト https://www.moj.go.jp/JINKEN/jinken112.html メール相談 https://www.jinken.go.jp/soudan/PC_CH/0101.html	電話は、最寄りの法務局につながり、相談は法務局職員または人権擁護委員が受けます。相談は無料、秘密は厳守します。 LINE相談もあります。
ヤング・テレホン・コーナー 24時間対応	警視庁	03-3580-4970 https://www.keishicho.metro.tokyo.lg.jp/sodan/shonen/young.html	いじめ、友人関係、親との関係、将来への不安、ネット関連のトラブルなどについて、20歳未満の皆さんの相談を24時間受け付けています。ご家族や学校関係者の方からも相談を受け付けています。

性に関する相談窓口

連絡先	管轄	電話番号・URL	概　要
よりそいホットライン 24時間通話無料	社会的包摂サポートセンター (厚生労働省補助金事業)	0120-279-338 岩手・宮城・福島県からは、0120-279-226 https://www.since2011.net/yorisoi/	暮らしの困りごと、DV・性暴力、性的指向や性自認に関する悩み、10代・20代の女の子の悩み、被災に関する相談など、いろいろな相談を受けています。日本語以外の言語にも対応しています。
性犯罪被害相談電話 通話無料	警察庁	#8103 https://www.npa.go.jp/higaisya/seihanzai/seihanzai.html	電話をすると、発信された地域を管轄する、各都道府県警察の性犯罪被害相談電話窓口につながります。
性犯罪・性暴力被害者のためのワンストップ支援センター 通話無料	内閣府	#8891 https://www.gender.go.jp/policy/no_violence/seibouryoku/consult.html	電話をすると、発信された地域の最寄りのワンストップセンターにつながります。 電話だけでなく、メールやSNS（LINEなど）で相談できる都道府県もあるので、その詳細も左記のウェブサイトに掲載されています。
男性の性被害	男性の性被害　全国の相談窓口（2023年4月版）	https://www.nhk.or.jp/minplus/0011/topic036.html	男性の性被害の全国の相談窓口の情報がまとまっています（2023年10月29日閲覧）。

状況別相談窓口

相談内容	連絡先・URL	概要
デートDVの被害にあったら ＊親しいパートナー間での暴力のことを指します。詳しくは44ページを参照。	電話（通話料あり） 050-3204-0404 Wifi電話 https://kanagawa.remoto.do/phone.html デートDV110番 https://ddv110.org/ チャットでも相談可能 https://ddv110.sodan.chat/ 月曜日から土曜日、19:00-21:00	デートDVを受けているかもしれないという人や、周りの友人、家族、生徒などに関する相談、あるいはデートDVをしているかもしれないという人からの相談を受け付けています。名前を言う必要はなく、秘密は厳守します。
これって被害？ 警察相談専用電話	警察相談専用電話 #9110 https://www.gov-online.go.jp/useful/article/201309/3.html#c1 平日　08:30-17:15	犯罪や事故にあたるかわからない、ストーカーやDVの悩みについて相談できます。電話をかけた地域を管轄する警察本部の相談窓口とつながります（通話料は利用者負担）。
リベンジポルノにあったら ＊リベンジポルノは、復讐や嫌がらせの目的で、元パートナーなどの性的な画像や動画を本人の同意なくインターネット上にあげること。性暴力の一種です。	セーファーインターネット協会 誹謗中傷ホットライン https://www.saferinternet.or.jp/ こたエール https://www.tokyohelpdesk.metro.tokyo.lg.jp/ 電話・LINE　月曜日〜土曜日、15:00-21:00（祝日除く） メールは24時間受付	リベンジポルノを含む、ネット上の誹謗中傷に対しての相談を受け付けています。 ＊連絡にかかる通信料などは相談者が負担。相談自体は無料。
法律関係で相談したい	法的トラブルの相談 平日の09:00-21:00、土曜日の09:00-17:00 犯罪被害の相談 0120-079714 通話料・利用料無料 https://www.houterasu.or.jp/madoguchi_info/call_center/index.html	国が設立した法的トラブル解決の総合案内所です。法制度や相談機関・団体などを紹介します。利用料は無料、通話料は利用者負担。
誰かを傷つけてしまったら…①	性障害専門医療センター SOMEC	性的問題行動の再犯防止に向けて、臨床心理士や精神科医がサポートします。東京、大阪、福岡のオフィスでの面談か、Zoomを使ったオンライン治療が可能です。すべて自費診療ですが、初回の面談は無料です。
誰かを傷つけてしまったら…②	一般社団法人もふもふネット https://mofumofunet.jimdo.com/	非行・犯罪・暴力に関する理解と対応を促進するための活動と調査研究、被害者・加害者およびその家族に対するケアとサポート、加害行動変化に働きかける治療教育プログラムを実施しています。

知っておきたい！

連絡先	管 轄・URL	概 要
避妊のススメ	バイエル薬品株式会社 https://www.hininno-susume.jp/ja	避妊に関する正しい知識を学ぶための情報サイトです。全国の婦人科・レディースクリニックを検索することもできます。
一般社団法人全国妊娠SOSネットワーク	https://zenninnet-sos.org/	思いがけない妊娠をしてどうしよう…と悩んでいるあなたのためのサイトです。全国の妊娠相談窓口のリストも掲載されています。
性感染症とは？ ＊性感染症は性的接触を介して誰もが感染する可能性があります。性感染症は感染しても無症状であることが多く、治療に結びつかないだけでなく、自分の知らない間に他の人に感染させてしまうことがあります。	厚生労働省 「あなたのためになる性感染症予防」 http://jssti.umin.jp/prevention/index.html	性感染症とは何か、避妊の仕方、検査などを紹介しています。
子宮頸がんとは？	厚生労働省 子宮頸がん予防 https://www.shikyukeigan-yobo.jp/youth/ MSD製薬が管轄	子宮頸がんの症状・治療、予防、ワクチンなどについて基本的な情報が掲載されています。
感染症・予防接種相談窓口	厚生労働省 https://www.mhlw.go.jp/bunya/kenkou/kekkaku-kansenshou01/inful_consult.html 電話番号　0120-331-453 受付：09:00-17:00（土日祝日、年末年始を除く）	子宮頸がん予防（HPV）ワクチンを含む予防接種、インフルエンザ、その他感染症全般について、相談を受けています。 ＊本相談窓口は、厚生労働省が業務委託している民間会社により運営されています。
NPOぷれいす東京	https://ptokyo.org/	HIV/エイズとともに生きる人たち向けのコミュニティ。HIV陽性者、パートナー、家族からの相談も受け付けています。

相談先窓口

自分で知りたい！

連絡先	URL	概　要
NPO法人ピルコン	https://pilcon.org/	正しい性の知識と判断力を育む支援により、これからの世代が自分らしく生き、豊かな人間関係を築ける社会の実現を目指す非営利団体です。性教育・ライフプランニングプログラムやコンテンツの開発・普及と、性の健康に関する啓発活動を行なっています。
I LADY.	https://ilady.world/	特に日本の10〜20代のSRHR（セクシュアル・リプロダクティブ・ヘルス/ライツ）に関する幅広い情報提供を行い、アクションのきっかけを作ることで日本を含むグローバル・ヘルスの向上を目指しています。国際協力NGOジョイセフによるキャンペーンです。
セイシル	https://seicil.com/	中学生・高校生が抱える性のモヤモヤにこたえるウェブメディアです。
一般社団法人にじーず	https://24zzz-lgbt.com/	10代から23歳までのLGBT（かもしれない人を含む）が集まる場を定期的に開催しています。参加は無料、交通費の一部補助も行っています。

おわりに

　ここまで読んでくれたみなさんは、もうみなさん自身や周りの人の心や体はとても大切で尊重されるべきものだということがわかり、また、大切にするための方法のヒントをつかむことができたのではないでしょうか。

　私たちの社会は、まだまだ私たちみんなの基本的な人権や自由に生きる権利を十分に大切にできているとは言えません。しかし、少しずつではありますが、昔よりは人権や自由が尊重される社会に近づいてきています。それも自由な社会を目指して立ち上がった人々が、少しずつ社会を変えてきたからです。もしかしたら「これで十分」という日は来ないかもしれません。それでも、今もたくさんの人達が協力して、セクシュアルライツの歴史を一歩一歩進めています。

　この本では主に性に関わる人権を紹介しました。しかし、どんなことでも身の回りにおかしいな、困ったな、誰かが傷ついているな、と思うことがあればぜひ人権の話とつなげて考えてみてください。もしこの本の知識やワークから、身の回りの問題に対して解決へのヒントを見つけることができたら、ぜひ実践してみてください。

　本で学んだ内容で印象に残ったことや意外だったことがあれば、ぜひ周りの人に教えてあげてください。加害者にも被害者にもならない。社会で生きる人の人権が尊重される世の中にしていく。そのためにできることは明日の家族や友だちとの会話にも、SNSでふとつぶやく内容にも、クラスでの決めごとにも、たくさんあります。

　この本に出てきた内容が気になって知りたい人向けに本の最後に関連書を紹介しています。難しい内容や、絵本のように読みやすいものまでそろえたので、もっと難しい内容が読みたい人、あるいは年下のきょうだいにも教えてあげたいという人は、ぜひチェックしてみてください。

　最後になりましたが、みなさんに正確な知識を届けるために力を貸してくださった染矢明日香さん、遠藤まめたさんに心からお礼申し上げます。

著者紹介

山本智恵　会社員

性や、性にまつわる人間関係に関して悩みを持つ人を減らしたいと思い、この本の出版に携わりました。

性との関係って、何が正解かわからなくて辛いと思うこともあるかもしれないですが、この本が助けとなれれば嬉しいです。

戸谷知尋　大学院生

公で話すことがタブー視されている「性」について、友だちや先生、家族と一緒に考え、学ぶことができる、そんな教材を作りたいという思いからこのプロジェクトに参加しました。これから生活を送る中で、性に関して気になること、不安になるようなことがあれば、また読み返してみてください。

中村茜　大学院生

中学生のとき、聞いちゃいけない気がして聞けなかった、誰も教えてくれなかった性や人間関係のことについて学べる本を作りたいと思い参加しました。

大切な友だちのように、何かにワクワクしているときや困ったときに、あなたに寄り添える存在になれると嬉しいです。

大友久代　会社員

知識不足から性暴力やセカンドレイプの加害者になることを防げたらいいなと思って参加しました。いつでも自分らしくいられるように、相手らしさを尊重できるように、何かあったら相談できるようになってほしいなと思います。

下村沙季マリン　大学助手

性について学ぶことは、けっして恥ずかしくない、大切なことなんだと知ってもらいたい！という思いから本の執筆に携わりました。周りに流されず、社会の「当たり前」を乗り越えることは勇気がいるかもしれません。そんなときに、この本が背中を押す存在となればいいなと思っています。

大澤さちこ　社会人

性が誰かを傷つけるものではなく、人生を豊かにするものになるような本を作りたいと思い参加しました。

安本はな　大学生
自分の見た目にコンプレックスを抱き苦しんだ過去から、「かわいさ」「女・男らしさ」に囚われて苦しむ人を少しでも減らしたいという思いで、この本の執筆に携わりました。自分が当たり前だと思っていることで、実は人を傷つけていたり、傷つかなくてもよい理由で自分も傷ついていたり、ということが、少しでもなくなることを願っています。

協力
遠藤まめた（一般社団法人にじーず代表）
中村果南子、Kae Ybañez、もえ

一般社団法人ちゃぶ台返し女子アクション

私たちは女性をはじめとするあらゆる性の人が自分を肯定できる社会を目指して活動している市民団体です。「すべての人が尊重されるジェンダー平等な社会を作りたい」という思いのもと、多様なバックグラウンドからメンバーが参画しています。誰かが問題を解決してくれるのを待つのではなく、市民の力で社会を変えていくことを大切にしています。そのために、当事者同士がつながり、共に声をあげ、明確な構造的変化に向けて草の根活動を展開することで、少しずつその世界の実現に向けて動いています。2015年に団体が発足してから、

・性的同意の大切さを広めて性暴力をなくすためのワークショップの実施
・ハンドブックの作成
・刑法性犯罪の改正を求める全国的なキャンペーン活動
・家庭・職場における性別役割分業を考え直す活動

など、さまざまなジェンダー問題に取り組んできました。その中で、ジェンダー平等な社会の実現には早い段階での包括的な性教育とジェンダー教育が重要であることを実感し、近年は若い世代を中心に変化の輪を広げることに注力しています。
ホームページ　https://www.chabujo.com/about

監修者紹介

染矢明日香（そめや・あすか）

NPO法人ピルコン理事長。
公認心理師。日本思春期学会性教育認定講師。思春期保健相談士。公衆衛生学修士。
慶應義塾大学SFC研究所上席所員。
性教育講演や情報発信、性教育教材の開発・普及、性教育に関わるサイトやコンテンツ監修、政策提言等を行う。
著書に『マンガでわかるオトコの子の「性」』（監修：村瀬幸浩、マンガ：みすこそ、合同出版）、『はじめてまなぶこころ・からだ・性のだいじここからかるた』（監修：艮香織、合同出版）。監修書に『10代の不安・悩みにこたえる「性」の本』（学研プラス）などがある。

イラスト　チチチ
組版　ペリカン製作所
装幀　宮越里子

性のモヤモヤをひっくり返す！
ジェンダー・権利・性的同意26のワーク

2024年3月15日　第1刷発行

著　者　ちゃぶ台返し女子アクション
監修者　染矢明日香
発行者　坂上美樹
発行所　合同出版株式会社
　　　　東京都小金井市関野町1-6-10
　　　　郵便番号　184-0001
　　　　電話　042-401-2930
　　　　振替　00180-9-65422
　　　　ホームページ　https://www.godo-shuppan.co.jp
印刷・製本　株式会社シナノ

■刊行図書リストを無料進呈いたします。
■落丁乱丁の際はお取り換えいたします。